Hans-Günter Langenbach, Eberhard Platte

An alles gedacht?

Tipps für die letzten Dinge
und für Fragen, die über den Tod hinausgehen

Hans-Günter Langenbach, Eberhard Platte

An alles gedacht?

Tipps für die letzten Dinge
und für Fragen,
die über den Tod hinausgehen

*„Lehre uns zählen unsere Tage,
damit wir ein weises Herz erlangen!*

*Die Freundlichkeit des Herrn,
unseres Gottes, sei über uns und
festige über uns das Werk unserer
Hände! Ja, das Werk unserer
Hände, festige du es!“*

Mose in Psalm 90,12.17

Impressum
idea-Dokumentation 2/2012

Langenbach, H.G./Platte, E.
An alles gedacht Tipps für die letzten Dinge
und für Fragen, die über den Tod hinausgehen

ISBN 978-3-89436-940-8

1. Auflage 2012

Internet: www.cv-dillenburg.de
Gesamtgestaltung: Eberhard Platte
Druck: CPI Moravia Books, Pohorelice
Printed in Czech Republic

Inhalt

Das Klassentreffen

(Statt eines Vorworts)

Im letzten Jahr hatten wir 50-jähriges Klassentreffen! Als elf Schulkameraden von damals verbrachten wir ein herrliches Wochenende (ohne Frauen, Kinder und Enkelkinder) in einem beschaulichen Weinort an der Mosel. Er liegt unweit der Gegend, in der wir damals unsere Abschlussfahrt unternommen hatten. Ich muss sagen: ein unvergessliches Erlebnis!

Einer hatte die alten Fotos mitgebracht. Wir besuchten die Orte von damals und stellten die Fotos nach! Können Sie sich den Spaß vorstellen? Da setzen sich elf alte Herren und Opas auf die Treppenstufen zum Brunnen in Bernkastel-Kues, sitzen auf der Kaimauer der Moselfähre und lassen die Beine baumeln. Oder sie quälen sich den steilen Weg zur Burg hinauf. Das ist schon irre: Ein halbes Jahrhundert ist vergangen – sind wir noch dieselben von damals?

Immer und immer wieder muss ich meinen ehemaligen Kumpels, mit denen ich Mathe und Physik gepaukt habe, ins Gesicht schauen, um die Mimik von damals wiederzuentdecken. „Seh ich auch so alt aus?“, frage ich mich im Stillen. Sie kommen mir mit ihren Runzeln und dem grauen Schnauzbart, mit Hörgerät und Lesebrille auf der Nasenspitze, mit „Spitzkühler“ bzw. Bierbauch so unendlich betagt vor ... – Ich schleiche mich auf die Toilette, um mich selbst kritisch im Spiegel zu besehen: Hab ich mich etwa auch so stark verändert? Wenn man sich jeden Morgen im Spiegel begegnet, gewöhnt man sich an die stetigen Veränderungen: die Falten im Gesicht, die grauen oder ausfallenden Haare, die zunehmende Kleidergröße. Nachdem ich mich einige Zeit argwöhnisch angeschaut habe, muss ich zugeben: Meine ehemaligen Kameraden hatten recht, als wir uns vor der Abfahrt zum Wochenende auf dem Bahnhofsvorplatz trafen und uns nach all den Jahren zum ersten Mal wiedersahen. Wie im Chor hatten sie auf mich gezeigt und gerufen: „Das muss er sein! Nee, was haste dich verändert! Du bist auch nicht mehr der Jüngste! Willkommen im Club der alten Knacker!"

Als wir am nächsten Morgen beim Frühstück sitzen, müssen wir herzlich lachen: Jeder hat neben seiner Kaffeetasse eine ganze Batterie von Tabletten liegen, die er nehmen muss ...

Ja, wir sind alt! Daran gibt es nichts zu zweifeln, auch wenn wir uns an diesem Wochenende oft einzureden versuchen, man sei nur so alt, wie man sich fühlte. Aber ehrlich gesagt, gibt es auch Augenblicke, in denen wir uns unbeobachtet fühlen, da kommen wir uns noch älter vor als wir wirklich sind. Der Weg zu unseren Schnürsenkeln wird von Jahr zu Jahr weiter, unsere Arme sind beim Lesen der Zeitung zu kurz geworden, und alle Leute sprechen in unserer Umgebung heute viel leiser als früher! Stimmts? Wir Senioren sind halt alt. Na, und?! Stehen wir doch dazu.

Können Sie sich daran erinnern, als Sie merkten, dass Sie unweigerlich zu dieser Senioren-Spezies gehören? Ich saß mit meiner Frau in einem Ausflugsrestaurant und hatte dem Kellner still unsere Menübestellung vermittelt, indem ich auf die entsprechende Zeile auf der Speisekarte tippte. Er nickte verständnisvoll, drehte sich um und rief laut in Richtung Küche: „Zweimal bitte den Seniorenteller für die Herrschaften an Tisch 15!“ Am liebsten wäre ich im Boden versunken, als alle Gäste zu uns herüberblickten. „Jetzt weißt du es offiziell“, sagte ich zu meiner Frau, „ab heute gehören wir dazu ...“

Das Wochenende an der Mosel hat bei mir einiges zum Überdenken angestoßen. Natürlich: Das Temperament und der Humor unseres damaligen Klassenclowns sind immer noch genauso spritzig, obwohl seine Stimmlage heute eine Oktav tiefer klingt. Herzhaft lachen wir über unsere Späße und Streiche von damals. Aber auch die Stillen von der vierten Bank sind nach fünfzig Jahren immer noch die Gleichen; denen muss man ihre Geschichte nach und nach aus der Nase ziehen. Wir nehmen herzlich Anteil aneinander, als jeder von seinen Freuden und Enttäuschungen in Beruf und Familie erzählt, von Krankheit und Erlebnissen, von Trauer und Schmerz, aber auch von dem Glück, das man als frischgebackener Großvater erlebt.

Während unserer Schulzeit hatte jeder von uns seinen Spitznamen. Mich nannten sie damals „Sankt Plattus“, weil ich mein Leben bewusst Jesus Christus anvertraut hatte und versuchte, es nach der Bibel auszurichten. Mein damaliger Banknachbar gehörte zum CVJM, und so galten wir in unserer Jahrgangsstufe als „die beiden Frommen“.

Als gealterte Klassenkameraden sitzen wir abends gemütlich bei einem Glas Moselwein in unserer Pension und zufällig (?) sitzen wir beiden Frommen auch heute nebeneinander. Unser Klassenprimus schaut herüber und fragt plötzlich: „Sagt mal, was ist eigentlich aus eurem Frommsein geworden?" Wir beide schauen uns an, und mein Nachbar wird etwas verlegen: „Naja", sagt er betreten, „bei mir hat sich das gelegt. Ich geh so gut wie nicht mehr zur Kirche. Die Karriere war mir wichtiger. Jetzt im Alter könnt ich ja noch mal drüber nachdenken." – „Und bei dir?", wollen die anderen von mir wissen. „Nun, bei mir hat's sich eher gesteigert", darf ich bekennen. „In meinem Leben hat Gott 'ne Menge getan." Und ich kann berichten vom Engagement in der Gemeinde, von unseren Missionseinsätzen, von der mitinitiierten Gefährdetenhilfe und der Straffälligenarbeit. „Dann ist es dir offenbar im Alter nicht langweilig", meint einer. „Nein, keineswegs, ich hab keine Zeit zum Klagen."

Karl, unser Klassenclown, schaut nachdenklich in die Kerzenflamme auf dem Tisch: „Da wir alle älter geworden bzw. alt sind, stell ich mal die Frage: Habt ihr eigentlich alles geregelt? Ich meine mit Testament, mit Patientenverfügung, Vollmachten und so?" – Ein betretenes Schweigen entsteht plötzlich in dem so angeregten Gespräch.

„He", meint einer in die Stille hinein, „jetzt verdirb nicht den schönen Abend! Lasst uns lieber in Erinnerungen schwelgen. Wisst ihr noch, als unser Chemielehrer den Versuch mit der Salmiaklösung nicht hinbekam ...?"

Alle lachen befreit auf, aber ich bin nachdenklich geworden. „Hab auch ich an alles gedacht? Müsste ich noch etwas regeln? Die Sache mit der Patientenverfügung hab ich immer vor mir hergeschoben. Warum eigentlich?"

Als wir spät am Abend den Tag beschließen, bedanke ich mich bei Karl: „Du, danke für den Tipp. Ich werd mich gleich am Montag mit einem befreundeten Notar zusammensetzen und mich über die vorletzten Dinge schlau machen." – „Vorletzten Dinge?", schaut er mich fragend an. „Was meinst du damit?" – „Na", antworte ich ihm, „Patientenverfügung, Testament, Vollmachten sind sehr wichtig für unser Lebensende. Aber noch wichtiger ist, was danach kommt. Wir müssen doch wissen, wohin unsere Reise geht, wenn wir unsere Augen zumachen. Das sind die Dinge, die über unseren Tod hinausgehen." – „Das musst du mir erklären. Auf dem Gebiet bin ich sehr unsicher", gesteht er ein. „Gerne", antworte ich ihm.

Unser Gespräch dauert bis spät in die Nacht. Wenn es Sie ebenfalls interessiert, finden Sie es am Ende dieses Taschenbuchs ab Seite 100.

Nach diesem Wochenende besuchte ich meinen befreundeten Notar und ließ mir die Sachlage, die Bedenken und Überlegungen zur Patientenverfügung, zur Generalvollmacht, zur Vorsorgevollmacht und Betreuungsverfügung erklären. Ich hab ihm viele Fragen gestellt, damit ich als Laie auch möglichst alles verstand. Wir haben dann lange zusammengesessen und versucht, alles einmal aufzuschreiben. Was dabei herausgekommen ist, finden Sie auf den nächsten Seiten. Wir haben uns bemüht, das juristische Amtsdeutsch für den Laien allgemeinverständlich herunterzuschrauben.

Bei unserem Gespräch fiel mir auf, dass wir Menschen ja sehr, sehr verschieden in der Veranlagung, Herkunft und unserem Denken sind und vieles ganz unterschiedlich beurteilen. Schon allein durch unsere religiösen oder weltanschaulichen Überzeugungen kommen wir zwangsläufig zu verschiedenen Beurteilungen. Deshalb muss die Rechtsprechung möglichst alle Varianten und Eventualitäten berücksichtigen, und darum kann eine Patientenverfügung nicht pauschal geregelt werden.

Die nachfolgenden Ausführungen erheben also nicht den Anspruch der Vollständigkeit. Zu gut deutsch: Die vorgeschlagenen Formulierungen sollten von jedem, der ein entsprechendes Dokument erstellen will, selbst durchdacht und formuliert werden. Nur dann entsprechen sie seinen eigenen Überlegungen und Werteeinstellungen.

Den Autoren dieses Büchleins war es besonders wichtig, vor allem die Aspekte aufzuzeigen, die Menschen mit christlich geprägten Werten wichtig sind. Deshalb ist am Ende auch eine Anregung zu einer geistlichen Patientenverfügung angefügt. Aber auch für jeden anderen sind die Ausführungen sicherlich wertvoll und hilfreich.

Es geht in diesem Taschenbuch also um **„vorletzte"** und **„letzte"** Dinge (Verfügungen und Vollmachten), sowie der Hinweis auf die noch wichtigeren Fragen der Dinge, die **„über den Tod hinaus gehen"**. Es geht um die Frage, wo wir die Ewigkeit zubringen werden. Vielleicht lesen Sie deshalb das letzte Kapitel zuerst, denn gerade diese Fragen müssen vor unserem Tod geklärt sein, damit wir sagen können: „Ich hab wirklich an alles gedacht, ich hab alles geregelt." Gott segne Sie.

Dr. Hans-Günter Langenbach, Eberhard Platte
Winter 2012

Mein Besuch beim Notar

Wie angekündigt, machte ich einen Termin bei einem befreundeten Notar. Wir trafen uns nicht in seinem Büro (weil ich die Sorge hatte, dass dann sein Amtsdeutsch häufiger durchbrechen würde), sondern in meinem Wohnzimmer (da fühl ich mich sicherer). Ich hoffe, dass das nachfolgende Gespräch ein wenig die zwanglose Atmosphäre widerspiegel kann. Ich habe mich auf jeden Fall bemüht, bei allen Ausführungen nachzuhaken und ihn zu „löchern", um es für jeden verständlich zu machen. Wir laden Sie also ein, bei unserem Gespräch dabeizusein.

Sie haben natürlich – wenn Ihnen ein Thema zu schwierig erscheint – den Vorteil und das Recht, erst einmal einen Absatz bzw. eine Frage zu überspringen. Das dürfen Sie natürlich auch tun, wenn Sie merken, dass ein Gedanke bzw. eine Ausführungen Ihrer Situation nicht entspricht. Legen Sie das Büchlein auch ruhig zwischendurch aus der Hand, wenn Sie der Meinung sind, dass sich das Gesagte setzen muss. Lesen Sie erst weiter, wenn Ihnen die Ausführungen verständlich sind.

Also – nehmen Sie Platz. Sie sind zu diesem wichtigen Thema herzlich eingeladen.

Patientenverfügung
Mit dieser Verfügung bringe ich,
Name, Vorname
Straße

Die Patientenverfügung

Hallo und herzlichen Dank, dass du meiner Einladung gefolgt bist, um mit mir und den Lesern dieses Büchleins die vielen Fragen zu klären, über die man nachdenken sollte, wenn man älter wird. Steigen wir also am besten gleich ins Thema ein:

Um welche Dinge handelt es sich, die mich, meinen Tod und meine Angehörigen betreffen?

Ja, danke für die Einladung. Ich will versuchen, nach dem gegenwärtigen Stand der Gesetze, praktische Hilfe zu geben. Hilfe für solche, die im Voraus festlegen wollen, wie mit ihnen im schwersten Krankheitsfall verfahren werden soll, wenn es ans Sterben geht.

Dabei geht es vor allem um die Zeit **nahe vor dem Tod**. Die Zeit nach dem Tod wird ja geregelt durch „Verfügung von Todes wegen" wie wir Juristen sagen (also Testament oder Erbvertrag) oder durch Vollmachten bzw. Anordnungen, die „über den Tod hinaus" gültig sein sollen.

Mich interessieren zuerst einmal besonders die Angelegenheiten nahe vor dem Tod. Welche Bestimmungen kann ich da treffen?

Wer im Voraus festlegen will, wie mit ihm im schwersten Krankheitsfall verfahren werden soll, wenn es ans Sterben geht, hat verschiedene Möglichkeiten,

Anordnungen für die Zeit zu treffen, in denen er selbst dazu nicht mehr in der Lage ist.

An welche Bereiche sollte ich da denken? Wo sollte ich vorplanen?

Sehr wichtig sind sicher folgende Punkte:

1. Ich muss entscheiden, wer für mich handeln und Verantwortung übernehmen soll, wenn ich dazu nicht mehr oder nur noch sehr eingeschränkt fähig bin;

a) wer für mich im vermögensrechtlichen Bereich (Vermögenssorge) und

b) wer für mich im persönlichen Bereich (Personensorge) handeln soll.

Angenommen, ich unternehme nichts, was würde passieren?

Wenn ich diese Fragen nicht durch Vollmachten, Anordnungen etc. regele und ich eines Tages handlungsunfähig werde, wird für mich bei Bedarf vom Vormundschaftsgericht ein Betreuer bestellt. Ich habe zwar das Recht, im Voraus die Person des Betreuers zu bestimmen und nähere Anordnungen zu treffen (Vorsorgevollmacht, Betreuungsverfügung – *s. Anhang*). Aber dabei bin viel stärker eingeschränkt als ein *Bevollmächtigter.* Falls man geeignete Vertrauenspersonen hat, ist die Erteilung einer Vollmacht (z.B. Generalvollmacht – *s. Anhang*) viel empfehlenswerter als eine amtliche Betreuung.

Ich habe in der letzten Zeit viel von der Patientenverfügung gehört. Was hat es damit auf sich?

Durch eine *Patientenverfügung* kann ich im Voraus

bestimmen – für die Zeit, in der ich nicht mehr selbst entscheiden kann – welche medizinischen Maßnahmen ich noch zulassen will und welche nicht. Oder ob ggf. eine Behandlung abgebrochen werden soll. Wir wollen uns im Weiteren vor allem mit den damit zusammenhängenden Fragen befassen.

Da gibt es sicher eine Menge Fragen: Welche Form und welchen Inhalt sollte eine Patientenverfügung haben?
Auf welche Personen sollte sie ausgestellt sein und wo sollte ich sie aufbewahren?

Man muss in der Tat über einige Fragen intensiv nachdenken. Zum Beispiel auch darüber: Welche Personen und Institutionen werden später einmal über mich verfügen? Kann ich ihnen vertrauen (Thema Vertrauenspersonen)? Zu welchem Zeitpunkt, dem Tag X, soll die Patientenverfügung greifen? Welche Maßnahmen sollen noch zulässig sein und welche nicht? Wann sollen welche Apparate abgeschaltet oder nicht mehr eingesetzt werden? Wird die Patientenverfügung auch wirklich beachtet? Kann ich sie ändern oder aufheben? Muss ich sie von Zeit zu Zeit, z.B. alle zwei Jahre erneuern? usw.

Ich will versuchen, möglichst viele Fragen zu beantworten. Aber es ist unmöglich, auf alle Fragen einzugehen, insbesondere im medizinischen, ethischen und rechtlichen Bereich.

A. Die Rechtslage in Deutschland

Was bedeutet eigentlich Patientenverfügung?

Nach der Definition des Bürgerlichen Gesetzbuches (§ 1901a Abs. 1 Satz 1 BGB, seit dem 1.9.2009 in Kraft), ist die Patientenverfügung die schriftliche Festlegung eines Menschen für den Fall seiner Einwilligungsunfähigkeit. Es geht darum, ob er in bestimmte Untersuchungen, Heilbehandlungen oder ärztliche Eingriffe einwilligt oder sie untersagt – auch wenn er momentan gar nicht davon betroffen ist.

Den Begriff „Patiententestament" oder andere, ähnliche Begriffe, sollte man tunlichst vermeiden, um Missverständnisse zu vermeiden, da es jetzt die gesetzlich geregelte Patientenverfügung gibt.

Wie ist die aktuelle Rechtslage in Deutschland? Da hat sich doch in der letzten Zeit einiges getan.

Das ist richtig. Trotz mehrerer Anläufe war es im Bundestag zunächst nicht gelungen, sich auf einen Gesetzestext zu einigen.

Schließlich hat sich die von der Justizministerin angeführte Gruppe im Wesentlichen durchgesetzt. Sie plädierte stark für das vollständige und alleinige Entscheidungsrecht des einzelnen Patienten und akzeptierte keine Einschränkungen. Eine andere Gruppe wollte stärker ethische Kriterien beachtet haben und den Arzt nicht willkürlichen Bestimmungen eines Patienten unterworfen sehen. Denn damit könnte, so wurde argumentiert, der Arzt zum Erfüllungsgehilfen von ethisch nicht vertretbaren Wünschen der Patienten gemacht werden.

Auf diese ethischen Probleme werden wir sicher noch später eingehen. Ich denke nur zum Beispiel an die Situation des sogenannten „legalen Selbstmordes".

Zunächst wollen wir erst einmal die Abgrenzung zu anderen Maßnahmen betonen, z.B. der Vorsorge- oder der Generalvollmacht. Was hat es damit auf sich?

Gut, da ist zum Ersten die ***Vorsorgevollmacht:***

Die Vorsorgevollmacht ermächtigt eine andere Person, meist den Ehegatten oder einen Verwandten, an meiner Stelle für mich Entscheidungen zu treffen, wenn ich selbst es nicht mehr kann, z.B. auch in den Fällen, die in der Patientenverfügung nicht erfasst sind. Deshalb sollte die Patientenverfügung eine solche Vollmacht für die Vertrauensperson enthalten. Dabei sollte ausdrücklich betont werden, dass die Vertrauensperson an die Patientenverfügung gebunden ist. Sie soll den Patientenwillen Dritten gegenüber durchsetzen – gegenüber den Ärzten, dem Pflegepersonal, ggf. gegenüber anderen Angehörigen, dem Vormundschaftsgericht und ggf. auch einem Betreuer.

Zum Zweiten ist die ***Generalvollmacht*** zu nennen:

Damit gebe ich dem Bevollmächtigten ganz umfassende Vollmachten. Er kann mich gerichtlich und außergerichtlich vertreten, soweit dies gesetzlich zulässig ist. Die Befürchtungen, dass man sich damit aus der Hand gibt, sind unbegründet, wenn man die möglichen Sicherheiten vorsieht und auch einhält (Näheres dazu unter dem Abschnitt auf Seite 73ff.).

Auch die Generalvollmacht kann man mit einer Patientenverfügung verbinden, was aber meines Erachtens nicht zweckmäßig ist.

Als Drittes möchte ich noch die ***Betreuungsverfügung*** anführen:

Darin mache ich gegenüber dem Vormundschaftgericht von meinem Recht Gebrauch, einen Betreuer zu benennen, falls das einmal nötig ist. Außerdem gebe ich darin nähere Anweisung im zulässigen Rahmen für die Betreuung, Patientenverfügung und Betreuungsverfügung können wechselseitig aufeinander verweisen, damit nicht etwas übersehen wird. Notwendig und üblich ist das aber nicht.

B.
Form und Aufbewahrung der Patientenverfügung

Wie sollte eine Patientenverfügung verfasst sein?

1. Laut Gesetzbuch (§1901a BGB) muss die Patientenverfügung schriftlich vorliegen. Die Verfügung ist nur gültig, wenn ich den Inhalt verstanden und selbst unterschrieben habe.

1.1 Ist der Patient noch bei klarem Verstand, kann er natürlich seinem Arzt gegenüber mündlich seinen Willen kundtun und einen Heilbehandlungsvertrag schließen. Allerdings ist von der mündlichen Form abzuraten, weil es dann öfter zu Beweisproblemen und Streit mit Angehörigen kommt. Der Arzt steht in der Gefahr, später durch Angehörige in ein Strafverfahren verwickelt zu werden wegen Verletzung seiner ärztlichen Pflichten.

1.2 Die sicherste Form der Patientenverfügung ist die notarielle Beurkundung: Dabei prüft der Notar, ob der Verfasser geschäftsfähig ist. Das kann dann später nur äußerst schwer in Zweifel gezogen werden. Zum zweiten kann und soll der Notar individuell juristisch beraten und über die Bedeutung und die Tragweite der Erklärung informieren.

Zum dritten können von der so beurkundeten Patientenverfügung beliebig viele beglaubigte Abschriften erteilt werden. Das Original der Urkunde bleibt immer bei dem Notar bzw. seinem Amtsnachfolger. So können später zu jeder beliebigen Zeit weitere Ausfertigungen und beglaubigte Abschriften angefertigt werden. Verliert man die erste Ausfertigung, kann man sie ohne Weiteres ersetzen. Die Kosten sind relativ gering.

1.3 Bei der notariellen Beglaubigung legt der Verfasser einem Notar die von ihm selbst geschriebene oder ein von ihm gewähltes Muster einer Erklärung vor. Der Notar prüft den Inhalt nur grundsätzlich auf rechtliche Zulässigkeit, nicht aber auf Richtigkeit und Zweckmäßigkeit. Er prüft und bestätigt dann die Identität des Unterzeichners. Er darf dies nur dann tun, wenn er von der Einwilligungsfähigkeit des Unterzeichners überzeugt ist.

Die Beglaubigungsform sichert weitgehend gegen den Verdacht, die Patientenverfügung stamme nicht vom Verfasser. Sie lässt aber Fragen offen, ob er wirklich die Tragweite der Erklärung verstanden hat.

1.4 Die einfache Schriftform wird von den meisten Verbänden, Institutionen usw. für ausreichend erachtet und in ihren Mustern empfohlen. Ganz unbedenklich ist das aber aus folgenden Gründen nicht:

a) Die Einwilligungsfähigkeit kann für den Zeitpunkt der Unterzeichnung angezweifelt werden. Denn vielleicht ist der Patient später am Tag X, wenn die Patientenverfügung zur Anwendung kommen soll, nicht mehr einwilligungsfähig.

b) Angenommen, ein nicht mit der eigenen Hand, sondern mit Maschine geschriebener Text, wird von einem Angehörigen dem Betreffenden zum Unterschreiben vorgelegt. Am Tag X wird der Patient gefragt, ob die Patientenverfügung von ihm stamme, d.h von ihm unterzeichnet sei, und ob er überhaupt den Inhalt verstanden habe. Der Patient kann sich oft an nichts mehr erinnern. Verstärkt wird das Misstrauen dann noch, wenn der Text lediglich am Rande oder sonst wo irgendwelche Kästchen aufweist, die mit einem Kreuz ausgefüllt sind. Zweifel sind auch angebracht, wenn der Text mit anderer Handschrift oder mit einem anderen Stift oder einer anderen Tinte als die Unterschrift geschrieben ist.

Wenn dann der Patient nicht bei klarem Verstand ist oder für den Arzt bzw. den Vormundschaftsrichter Zweifel an der Einwilligungsfähigkeit und Einsichtsfähigkeit des Patienten bestehen; wenn er den Patienten fragt, ob er noch bestimmte medizinische Maßnahmen wünscht oder den Behandlungsabbruch, und die Antwort nicht überzeugend eindeutig ist, wer will dann dem Arzt bzw. dem Richter verübeln, dass er sich im Zweifel dafür entscheidet, alle Maßnahmen bis zum Ende auszuschöpfen?

Man darf den Ärzten und dem behandelnden Personal, aber auch den Juristen ihre Tätigkeit, die schwer genug ist, nicht durch Gleichgültigkeit und Oberflächlichkeit unnötig erschweren.

Sicherlich, wenn ein Zeuge die Eigenhändigkeit der Unterschrift und die Geschäftsfähigkeit durch Mitunterschrift bestätigt, erhöht das ein wenig die Sicherheit. Aber man weiß ja aus Erfahrung, wie viel aus Gefälligkeit gelogen wird. Letzte Sicherheit gibt die Mitunterschrift eines oder zweier Zeugen nicht. Und was ist, wenn diese selbst verstorben, nicht mehr geschäftsfähig oder nicht erreichbar sind?

Ergebnis: Die notarielle Beurkundung vermeidet viele, wenn auch nicht alle Schwierigkeiten.

Wo soll man die Patientenverfügung aufbewahren, damit sie sicher ist, aber auch gefunden wird?

Zwingende Vorschriften gibt es hierüber nicht. Ich kann das Dokument an einem beliebigen Ort verwahren oder zur Aufbewahrung geben.

Bei der notariell beurkundeten Verfügung ist mir die Entscheidung im Grunde abgenommen, weil der Notar in seiner Urkundensammlung das Original verwahrt. Bei seinem Tod oder der Amtsübergabe wird es an seinen Amtsnachfolger weitergegeben.

Seit einigen Jahren gibt es die Möglichkeit, eine Generalvollmacht und Patientenverfügung beim *Bundeszentralregister* bei der Bundesnotarkammer zu hinterlegen. Dort kann man nachfragen, ob ein solches Dokument hinterlegt ist. Aber das hat sich leider noch nicht genügend herumgesprochen, sodass Krankenhäuser und Ärzte oft diese Rückfrage nicht stellen.

In allen Fällen, gleichgültig welche Form der Verfügung man gewählt hat (notarielle oder private Form), kommt es hauptsächlich darauf an, dass schnellstmöglich das Original oder eine Ausfertigung bzw. beglaubigte Abschrift im Krankenhaus, im Altenheim oder beim Arzt vorgelegt wird. Wie ist das zu erreichen?

Am besten hat man ein Exemplar, ggf verkleinert, in der Brieftasche und/oder einen kleinen Hinweiszettel im Personalausweis, im Geldbeutel oder an einer anderen leicht zugänglichen Stelle, dass eine Patientenverfügung besteht und wo man sie schnell findet (Telefonnummern vom Notar, der Vertrauensperson oder einem anderen Ansprechpartner notieren!).

C.
Die Wertvorstellungen

Wir Menschen haben ja sehr unterschiedliche Wertvorstellungen je nach unserer weltanschaulichen oder religiösen Überzeugung. Diese schlägt sich zwangsläufig in der Patientenverfügung nieder. Worauf muss ich da achten?

Später, wenn ich nicht mehr selbst bestimmen kann und viele mich betreffende Entscheidungen getroffen werden müssen, werden diese von Menschen gefällt, die zwar in aller Regel in bester Absicht handeln, die aber von ihren eigenen Vorstellungen ausgehen und vor allem ihre eigenen Wertmaßstäbe zugrunde legen. Nahezu alle, die eine Vollmacht erteilen oder eine Patientenverfügung verfassen, sehen dieses Problem und machen sich viele Gedanken, welchen Menschen sie vertrauen können und wen sie als Vertrauensperson benennen sollen, die an ihrer Stelle die Entscheidungen treffen soll.

Damit die Vertrauenspersonen sich von meinen Grundvorstellungen und Wünschen leiten lassen und nicht von ihren eigenen, ist es wichtig, meine Vorstellungen möglichst präzise zum Ausdruck zu bringen.

Hänge ich am Leben und habe ich über den Tod hinaus keine weitere Perspektive, d.h., ist für mich mit dem Tode alles aus, werde ich eher die Formulierung wählen:

„Koste es, was es wolle, ich will möglichst lange am

Leben erhalten werden, und zwar möglichst ohne Schmerzen."

Ein Christ, der vor allem die letzten Jahre seines Lebens in der bewussten Nachfolge von Jesu Christus auf der Basis der Bibel und in der Glaubensgemeinschaft einer lebendigen Gemeinde gelebt hat, könnte seine Grundüberzeugung etwa so zum Ausdruck bringen:

„Als überzeugter, gläubiger Christ weiß ich mich von der Bibel her und aus vielen Erfahrungen im Leben geborgen nach dem Willen und Plan Gottes, der mein Vater ist. Bei ihm ist meine eigentliche Heimat. Der Apostel Paulus hat das gegen Ende seines Lebens einmal so ausgedrückt und damit in diesem Punkt meine eigenen Empfindungen getroffen: ‚Ich habe Lust abzuscheiden, um bei Christus zu sein, denn das ist weit besser ...' (Philipper 1,23).

Darum halte ich es – ganz subjektiv von mir her gesehen – für unzulässig und nahezu anmaßend, wenn Ärzte oder andere Menschen mich länger auf der Erde festhalten wollen, als der Körper nach den von Gott bestimmten natürlichen Gegebenheiten es zulässt. Schlichtweg gesagt: Ich will nach Hause zu Gott. Jetzt können andere die Aufgaben übernehmen, die ich im Reich Gottes und auf der Erde noch hatte – mich hält nichts mehr.

Ich formuliere dies, ohne depressiv oder lebensmüde zu sein. Sondern ich bin bei Abfassung des Textes – wie man so sagt – noch voll da und voller Lebensfreude."

(Andere Wertmaßstäbe werden in den Textbausteinen der Muster-Patientenverfügung auf Seite 61ff. deutlich.)

D.
Die Eigenverantwortung bzw. die Delegation davon

Inwieweit bin ich als Verfasser der Patientenverfügung selbst verantwortlich oder welche Verantwortlichkeit kann ich delegieren?

Dazu möchte ich zwei Dinge klarstellen:

1. Jeder von uns ist in hohem Maß vor Gott und Menschen für sein ***Leben*** verantwortlich. (In unserer Gesellschaft müsste diese Verantwortung manchmal deutlicher betont werden.)

Eine Zwischenfrage: Gilt auch für mein Sterben die Eigenverantwortlichkeit ?

Darüber gilt es nachzudenken und entsprechende Entscheidungen zu treffen:

Wenn ich mich nicht rechtzeitig um diese Fragen kümmere und keine Patientenverfügung verfasse und willentlich keine Anordnungen für das Sterben treffe, kann ich mich „fromm" auf die Glaubensaussage zurückziehen: „Gott wird zu seiner Zeit schon für mich sorgen."

Diese Aussage ist einerseits richtig, kann aber andererseits zugleich falsch sein: Auf der einen Seite lässt mich die mir von Gott zugesagte Hilfe ruhig und gelassen werden oder bleiben. Doch andererseits kann sie mich in falscher Weise passiv machen.

Ähnlich ist es im Krankheitsfall: Ich bete um Gesundheit und gehe gleichzeitig zum Arzt oder ins Krankenhaus.

So vertraue ich auch darauf, dass Gott mir im Sterben nahe ist und hilft. Gleichzeitig bin ich auf die Hilfe von Menschen angewiesen und nehme sie in Anspruch: zum Beispiel den Beistand von Ärzten und Pflegenden, von Betreuern und dem Vormundschaftsgericht. Wenn ich keine Regelungen selbst treffe, mache ich mir nur nicht klar, dass ich gerade dadurch – gewollt oder ungewollt, bewusst oder unbewusst – anderen die Entscheidung überlasse und damit indirekt Regelungen treffe.

Wie könnte ich anders handeln und Verantwortung übernehmen?

Zu mindest, indem ich in einer Patientenverfügung oder ähnlichen Bestimmungen Anweisungen gebe, wie mit mir im Sterbevorgang verfahren werden soll. So übernehme ich nicht nur mittelbar, sondern unmittelbar für meine Person eine Eigenverantwortung hinsichtlich des Sterbens. Viele Menschen scheuen sich, eine solche Verantwortung bewusst zu übernehmen. Sie schieben sie lieber ab auf Angehörige und Fachleute, wie Mediziner und Pflegepersonal.

Kann sich diese Unverbindlichkeit auch in der Abfassung von Patientenverfügungen niederschlagen?

Ja, nicht selten kommen aus solchen Motiven unscharfe oder mehrdeutige Anweisungen zustande. Sie führen bei einer Anwendung der Patientenverfügung zu Irritationen und unterschiedlichen Auslegungen. Ich nenne einige Beispiele für Formulierungen, die man vermeiden muss:

„Eigentlich stelle ich mir vor, dass man mir keine

Magensonde mehr legen soll, wenn ich nicht mehr schlucken kann, aber andererseits möchte ich auch nicht verhungern, darum – ihr Lieben – macht es, wie es dann richtig ist."

„Wenn ich mal gestorben bin, dann überlegt gut, ob ihr mich reanimieren wollt. Kostengesichtspunkte sollten dabei keine Rolle spielen."

In diesen Beispielen hat der Verfasser keine eigene Entscheidung getroffen, sondern die Verantwortung auf die Angehörigen abgewälzt. Das ist nicht in Ordnung. Die Sprache soll klar und eindeutig sein mit Ausdrücken wie: Ich untersage und verbiete, ich ordne an, bestimme, verlange usw. und nicht so weiche Formulierungen wie: Ich möchte an sich eigentlich; ich könnte mir ganz gut vorstellen; wenn es die Natur denn so will ...

Denn wenn es so weit ist, können die Entscheidenden noch schwer genug mit Gewissensfragen zu ringen. Es bedeutet für sie eine große Entlastung, sagen zu können: „Er/sie hat es selbst gewollt und so angeordnet."

Aber ich kann doch nicht heute wissen, was tatsächlich einmal mit mir geschieht ...

Das ist richtig. Deshalb möchte ich den zweiten Punkt zum Überdenken geben:

2. Da wir nicht in die Zukunft schauen können und heute die genauen späteren Umstände noch nicht wissen, bleibt ein großer Rest von Unsicherheit, vor allem in drei Richtungen:

2.1 Sind bestimmte Voraussetzungen eingetreten, zum Beispiel der Eintritt von Krankheiten, die aller Voraussicht nach zum Tode führen?

2.2 Fallen die vom Arzt vorgeschlagenen Behandlungsformen, zum Beispiel neue Therapien, in den Katalog der in der Patientenverfügung verbotenen Massnahmen?

2.3 Verstößt die – möglicherweise neue – Behandlung gegen die Wertvorstellungen, wie sie in der Patientenverfügung zum Ausdruck kommen?
Gerade für solche Umstände, die zur Zeit der Abfassung der Patientenverfügung noch nicht erkennbar sind oder nicht für möglich gehalten wurden, brauchen wir Vertrauenspersonen, die in kompetenter bzw. uns genehmer Weise die Sachlage beurteilen können. Das sind z.B. Ärzte bei medizinischen Fragen, und Angehörige bei Bewertungsfragen, ob das, was als Maßnahme vorgesehen ist, von meinen Wertvorstellungen gedeckt ist.

Um Zweifel und Missverständnisse möglichst weitgehend zu mindern oder sogar auszuschließen und das Vertrauensverhältnis zu stärken, ist das Gespräch unter den Beteiligten (Patient, Arzt, Angehörige usw.) dringend anzuraten, und zwar in jeder Phase. Der Patient sollte die Patientenverfügung mit seinem Hausarzt bzw. dem Mediziner, den er als seine Vertrauensperson benennt, durchgehen und sich die medizinischen Dinge erklären lassen. Mit den Angehörigen oder Freunden, die er als Vertrauensperson benennt, sollte er ebenfalls alle Punkte durchgehen. So sind sie später über seine Vorstellung und Wertmaßstäbe informiert.

E.
Wann soll die Patientenverfügung greifen?

Für welche Situationen ist die Patientenverfügung hauptsächlich gedacht?

1. Zunächst will ich ganz deutlich klarstellen, dass jeder Mensch über sich selbst bestimmen kann, solange er noch einwilligungsfähig ist (geschäftsfähig muss er nicht mehr sein).

Eine gegen den erklärten Willen eines Menschen vorgenommene Behandlung ist eine rechtswidrige Handlung. Deren Unterlassung kann der Patient verlangen, selbst wenn er ohne die Behandlung sterben muss (Ausnahmen, z.B. nach dem Psychisch-Kranken-Gesetz, bestätigen die Regel). Der rechtswidrige Eingriff in die körperliche Integrität und die damit verbundene Missachtung des Patientenwillens kann auch wegen Körperverletzung zur strafrechtlichen Verfolgung führen.

Selbst wenn eine Patientenverfügung vorliegt, kann doch der einwilligungsfähige Patient jederzeit während der Behandlung von den darin getroffenen Bestimmungen abrücken und Abweichendes anordnen. Er kann ganz oder teilweise widerrufen. Zu dem Problem, dass und ob sich der Arzt in jeder Phase vergewissern muss, ob der Patient noch an seiner Verfügung festhält, erkläre ich später noch etwas ...

Kann man praktische Beispiele nennen, damit das klarer wird?

2. „Ich will nicht an die Schläuche, wenn es nichts mehr bringt“, so reden viele, wenn man sie auf die Patientenverfügung hin anspricht. Dabei ist völlig offen, an welche Situationen der Betroffene denkt, welche Schläuche er meint und was er sich unter „nichts mehr bringt“ vorstellt. Eigentlich muss jeder einsehen, dass der Gesetzgeber Recht hat, wenn er verlangt, dass man sich in einer Patientenverfügung klar und präzise äußert. Auch sollte man sich im Vorfeld genügend informieren, z.B. mit dem Arzt seine Krankheit und deren mutmaßlichen Verlauf spechen.

Warum ist diese Formulierung problematisch?

3. Nahezu einig ist man sich in der Fachwelt, dass eine wirksam errichtete Patientenverfügung beachtet werden muss, wenn diese sich eindeutig auf die allerletzte Phase des Lebens bezieht. Das betrifft den unumkehrbaren Sterbevorgang, wenn die Krankheit einen unabwendbaren tödlichen Verlauf genommen hat und in Kürze der Hirntod zu erwarten ist oder ähnliche Kriterien gegeben sind.

Unter „nichts mehr bringt“ kann auch vieles andere verstanden werden, z.B ein nicht mehr bewusstes Leben, ein Leben ohne Kommunikation, ein nicht mehr lohnendes Leben usw. Deshalb sollte eine in der Patientenverfügung benannte Vertrauensperson, wenn sie denn auf eine solche Formulierung stößt, baldigst auf Klarstellung dringen, was wirklich gemeint ist.

Was kann stattdessen als sinngemäße Formulierungen empfohlen werden?

Man könnte vielleicht schreiben: „Ich möchte menschlich sterben und untersage alle lebensverlängernden und insbesondere sterbeverlängernden, künstlichen Maßnahmen, wenn ich nicht mehr selbst bestimmen kann und ich mich unabwendbar im unmittelbaren Sterbeprozess befinde, bei dem jede lebensverlängernde bzw. -erhaltende Therapie das Sterben oder Leiden ohne Aussicht auf Besserung verlängern würde" (vgl. auch die Christliche Patientenverfügung der christlichen Kirchen).

Diese Formulierung halte ich für gut und empfehlenswert, aber selbst sie ist nicht ausreichend. Ein Beipsiel:

Stellen Sie sich vor, der Körper eines Menschen kann mit künstlicher Ernährung und Beatmung jahrelang am Leben erhalten werden, weil der Sterbeprozess noch nicht unmittelbar eingesetzt hat. Das Bewusstsein ist verschwunden, der Körper aber lebt mit Hilfe der Maschinen. Ich gehe nicht so weit zu sagen, dann sollte in jedem Fall die Beatmung abgeschaltet werden.

Aber ich sage auch nicht, dann darf in keinem Fall abgeschaltet werden. Hier setzt das Ringen ein, die Verantwortung jedes Einzelnen für seine Entscheidung, aber auch die der Berater, Seelsorger, Angehörigen und Vertrauenspersonen, die zu Rate gezogen werden.

Natürlich wird die Entscheidung ganz akut, wenn Schläuche angelegt oder wieder entfernt werden sollen. Aber trägt nicht jeder die Verantwortung, sich schon vorher, und zwar rechtzeitig, mit diesen Fragen auseinanderzusetzen. Nur so wird verhindert, dass andere Menschen, und zwar eventuell unter ungeheurem Zeit- und Gewissensdruck, irgendeine von mehreren möglichen Alternativen wählen müssen und sich anschließend lange mit Gewissensfragen herumplagen.

Gibt es noch weitere Beispiele?

4. Stellen wir uns vor, der Notarztwagen kommt, weil der Patient einen Kollaps erlitten hat.

Die Gründe sind noch völlig ungeklärt. Das normale Pflichtprogramm läuft routinegemäß an: Die Messungen werden vorgenommen wie Blutdruck, EKG etc., Spritzen werden gesetzt, ggf. Schläuche angelegt usw. Sollte der Patient im Rettungswagen sterben, wird versucht, ihn zu reanimieren. Die Notärzte haben in aller Regel keine Zeit, sich nach einer Patientenverfügung zu erkundigen, geschweige denn, sie in Ruhe zu studieren.

Die Phase der Entscheidungen folgt normalerweise einige Tage später, wenn die Untersuchungen vorläufig abgeschlossen sind und ein Krankheitsbild erstellt ist. Der Kranke hängt am Tropf, an den Schläuchen, wird künstlich beatmet oder auch künstlich ernährt. Jetzt kommt die Patientenverfügung auf den Tisch. Die Angehörigen und/oder Vertrauenspersonen werden zum Gespräch mit den Ärzten geladen.

Schon kurz nach der Einlieferung in das Krankenhaus, wenn die Angehörigen sich nach dem Zustand erkundigen wollen, wird offenbar, ob die Patientenverfügung vollständig ist. Ob sie zum Beispiel eine Entbindung von der Schweigepflicht enthält. Hier gibt es viel Unsicherheit. Ärzte und Pflegepersonal handhaben es unterschiedlich: Der eine gibt sogar am

Telefon Auskunft, der andere lässt sich erst Beweise vorlegen und übertreibt die Vorsicht (Näheres dazu s. Seite 45).

Am liebsten würden die Ärzte jetzt nichts oder nur wenig gefragt und hätten freie Hand hinsichtlich der gesamten Behandlung. Sie stehen zeitlich unter Druck und möchten sich nicht unqualifizerten, misstrauischen Fragen ausgesetzt sehen. Wenn beide Seiten in dieser Phase nicht vorsichtig sind und es nicht gelingt, ein Vertrauensverhältnis aufzubauen, ist – möglicherweise zum Nachteil des Kranken – viel Sand im Getriebe. Unnötige Spannungen sind vorprogrammiert.

Das Gespräch beginnt bei der Diagnose. Der medizinisch nicht vorgebildete Angehörige wird sich Notizen machen, um später den Hausarzt oder einen Bekannten vom Fach zu fragen, wenn ihm die Aufklärung im Krankenhaus nicht ausreichend zu sein scheint oder er Zweifel hegt.

Als Zweites kommt die spannende Frage nach der Prognose, dem zu erwartenden Verlauf der Krankheit. Besteht Hoffnung auf Besserung oder sogar Gesundwerden? Oder geht es nach menschlichem Ermessen dem Ende zu, und wie lange etwa wird dieses auf sich warten lassen?

Manchmal gehört schon angesichts der Mediziner viel Mut dazu, die Patientenverfügung auf den Tisch zu legen und die verantwortlichen Ärzte präzise zu fragen, ob angesichts ihrer Diagnose und Prognose die in der Patientenverfügung aufgeführten Umstände vorliegen, wonach der Patient will, dass die Therapie abgebrochen wird und man sich mit palliativen, d.h rein pflegerischen Maßnahmen zufriedengibt.

Aber ist der Arzt nicht verpflichtet, alles zu tun, um das Leben zu erhalten?

Nun muss man wissen und bedenken, dass die Ärzte – was sie sehr ehrt – in den meisten Fällen wirklich um den Patienten bemüht sind und sich mit ihrem Schicksal verbinden. Sie kämpfen gegen deren Tod, sind für sie da und wollen sie nicht eher sterben lassen, bevor nicht die letzte kleinste Chance zur Lebenserhaltung genutzt ist. Im Krankenhaus wird in der Regel der Tod wie eine Kapitulation erlebt. Das ist manchmal so ausgeprägt, dass mir einmal zwei Stationsschwestern erklärten: „Wenn von unseren Angehörigen jemand auf unserer Station im Sterben läge, wir ließen keinen Arzt mehr ran."

Von einer solchen subjektiven Grundeinstellung werden die Prognosen der behandelnden Ärzte wahrscheinlich etwas anders ausfallen, als von unbeteiligten Ärzten. Darum ist anzuraten, im Zweifel den Rat und das Urteil von Ärzten einzuholen, die nicht in dieser akuten Krankheitsphase behandeln.

Was bedeutet das für die konkrete Formulierung der Patientenverfügung?

5. Dazu möchte ich drei Punkte nennen:

5.1 Im Anhang dieses Buches gibt es ein ***Muster der Patientenverfügung*** (s. Seite 61). Dort wird neben dem Fall, dass der Sterbevorgang schon eingesetzt hat, unter b) auch die Alternative genannt: „oder nahezu keine Aussicht auf Wiedererlangung des Bewusstseins besteht".

Natürlich muss man sich spätestens bei einer solchen Formulierung der schweren Frage stellen, wie das im Fall eines Wachkoma-Patienten aussieht. Bei ihm ist es höchst fragwürdig, ob er „bei Bewusstsein" ist. Viele, die einen solchen Kranken pflegen, haben den Eindruck, dass er noch hört, aber keine Reaktionen zeigen kann. Diese medizinische Frage kann ich nicht beantworten. Um Zweifel auszuschließen, kann man für den Fall des Wachkomas zusätzlich eine besondere Entscheidung in die Patientenverfügung aufnehmen.

5.2 Bei der Festlegung der Umstände und Bedingungen, unter denen bestimmte Maßnahmen getroffen werden sollen bzw. nicht mehr getroffen werden dürfen, spielt die *Prognose* eine entscheidende Rolle: Wie wird sich die Krankheit entwickeln, führt sie mit Sicherheit zum Tod, mit an Sicherheit grenzender Wahrscheinlichkeit, mit allerhöchster Wahrscheinlichkeit, mit höchster, mit überwiegender oder einfach nur mit Wahrscheinlichkeit zum Tod?

Natürlich wird man darauf hinweisen müssen bzw. dürfen, dass bei Gott alle Dinge möglich sind. Dass er auch heute noch Wunder tut und wir ihn in seiner Souveränität nicht einschränken können und auch in unseren Gedanken nicht einschränken dürfen. Zudem hört man immer wieder von Fällen, dass ein Mensch nach jahrelangem Koma wieder zum bewussten Leben erwacht und ins Bewusstsein zurückgekehrt sei. Statistisch gesehen spricht man von 1 bis 2 pro Tausend.

Wir kommen also ohne solche Bestimmungen wie „überwiegende Aussicht, hohe Wahrscheinlichkeit" usw. nicht aus. Dabei muss uns aber bewusst sein, dass zwischen den Menschen individuell, aber auch zwischen Berufsgruppen, insbesondere auch zwischen Medizinern und Juristen, ganz erhebliche Unterschiede in der Begrifflichkeit bestehen.

Deshalb plädiere ich dafür, in der Patientenverfügung Folgendes vorzusehen: Ärzte, denen der Patient vertraut ist, weil sie ihn schon lange kennen, sollen die Umstände begutachten und die Wahrscheinlichkeit des Krankheitsverlaufs einschätzen. Sie sollen dann zusammen mit den Angehörigen bzw. Vertrauenspersonen entscheiden.

5.3 Im ***Muster der Patientenverfügung*** im Anhang (s. Seite 61) ist unter c) noch ein weiterer Fall genannt, wann die Grenzsituation eintritt, d.h. ab wann die Patientenverfügung greifen soll: „Wenn es zu einem nicht behandelbaren dauernden Ausfall lebenswichtiger Funktionen meines Körpers kommt."

Auch in diesem Fall sollen keine lebens- und sterbeverlängernden Maßnahmen mehr getroffen werden. Es soll dem natürlichen Sterbevorgang des Körpers Raum gegeben werden und nur noch pflegerische und erleichternde, schmerzlindernde usw. Maßnahmen palliativer Art erfolgen.

F. Maßnahmenkatalog für den Tag X

An welche Maßnahmen ist da zu denken?
Vier Punkte möchte ich hier anführen:

1. ***Die Grenzsituation*** (Fall X) wird von jedem, der eine Patientenverfügung verfasst, individuell festzulegen sein. Für einen medizinischen Laien ist das schon schwierig genug und bedarf zweckmäßiger Weise der Beratung durch Fachleute. Noch schwieriger erscheint mir aber festzulegen, was ab Eintritt der Grenzsituation nicht mehr erlaubt sein soll und was noch gewünscht wird. Hier wird erst recht das Gespräch mit einem Mediziner gesucht werden müssen.

2. Zum Kernkatalog der in der Krisensituation *nicht mehr erlaubten* Maßnahmen der sog. Apparatemedizin gehören:

Anschluss an eine Herz-Lungenmaschine, Dialyse, Einsetzen bzw. Erneuerung eines Herzschrittmachers, künstliche Ernährung mittels einer Sonde durch die Bauchdecke unmittelbar in den Magen (sog. PEG) als Dauermaßnahme, Intensivtherapie, maschinelle Beatmung, Bluttransfusionen, Hämodialyse, medikamentöse Behandlung mit dem Ziel der Lebensverlängerung.

Flüssigkeitszufuhr wünschen die einen noch in jedem Fall, die anderen nur, wenn Anzeichen von Durstgefühlen erkennbar werden. In diesen Bereich gehört sicher auch, dass der Mund nicht austrocknet, sondern feucht gehalten wird.

3. Zum Kernkatalog der ***ausdrücklich noch gewünschen*** Maßnahmen gehören außer den üblichen, selbstverständlichen pflegerischen Dingen z.B. auch die Zuführung der notwendigen Medikamente, um den Kranken von Atemnot, Übelkeit, Erbrechen, Schmerz, Angst und großer Belastung zu befreien. Auch kleine Eingriffe, wie das Ziehen eines vereiterten Zahnes, um Schmerzen zu beheben, oder auch andere Eingriffe mit dem gleichen Ziel, wenn der Schmerz anders nicht zu beseitigen ist, gehören dazu.

4. Im Zusammenhang mit den Medikamenten taucht hier ein besonderes Problem auf, das nicht für alle, aber für sehr viele relevant ist. Ich will es am eigenen Beispiel deutlich machen: Ich bin seit ca. 50 Jahren Diabetiker und spritze seit über 45 Jahren Insulin. Das Insulin hat mir ein nahezu normales Leben ermöglicht; dafür bin ich Gott von Herzen dankbar. Wenn ich kein Insulin mehr nehme bzw. verweigere, es mir geben zu lassen, falle ich in wenigen Tagen in ein Koma und sterbe nicht lange danach. Ist es vor Gott und Menschen recht, wenn ich in der Grenzsituation, also in der Nähe des Todes das Insulin verweigere?

Ethisch empfinde ich das als „legitimen Selbstmord" – kurz vor dem natürlichen Tod ein bewusst herbeigeführter, gewollter schnellerer Tod. Wie würde sich dieses Handeln auf meine Umgebung auswirken? Wer würde es sich als Rechtfertigung anderer Formen des Selbstmordes nehmen oder für andere, ethisch fragwürdige Entscheidungen? Wir tragen nicht nur für uns persönlich, sondern auch für unsere Familien, Freunde, Gemeinden, ja auch für die Gesellschaft Verantwortung.

Wenn ich – außer der Versorgung mit Insulin – ansonsten aber medizinische Versorgung verlange, mache ich dann nicht den Arzt und das Pflegepersonal zu Gehilfen des Selbstmordes?

Ich habe mich aus diesen Gründen entschieden, Insulin und die übrigen Medikamente, die mir viele Jahrzehnte ein erfülltes, kraftvolles Leben ermöglicht haben, weiter zu nehmen bzw. mir auch bis zuletzt geben zu lassen.

Dagegen bin ich nicht bereit, kurz vor dem Sterben, wenn ich von Gott abgerufen werde, neue Maßnahmen zu tolerieren und neue Medikamente zu nehmen, die nur das Sterben verlängern oder nur ein allmählich verlöschendes, mühevolles Leben, z.B. an Apparaten und Schläuchen, ermöglichen.

Ein weiteres Problem möchte ich ansprechen: Nach einem Herzinfarkt habe ich einen Defibrillator, einen besseren Herzschrittmacher, bekommen. Meine größte Sorge beim Einsetzen war: Kann ich dann noch ordentlich sterben oder bekomme ich immer, wenn das Herz stillsteht, einen sehr schmerzhaften Schlag, damit es weiterschlägt? Ich werde es auf mich zukommen lassen müssen. Damals hat man mich beruhigt, dass hier keine Gefahr sei. Aber sollte es doch passieren, werde ich anordnen, ihn stillzusetzen. Ansonsten mag er bleiben.

Was aber ist mit all den anderen Medikamenten bei Ihnen und bei mir: für Magen und Herz, Nieren und Leber, Blut und Blutdruck usw.? Gilt dafür nicht dasselbe wie für mein Insulin? Viele Jahre hat man davon den Nutzen gehabt, und jetzt, wenn es ans Sterben geht, verweigert man sie? Ich will Ihnen und mir kein schlechtes Gewissen machen, halte aber meine Grundlösung hinsichtlich des Insulins auch für die anderen Medikamente und den Defibrillator für tragfähig. Bei neuen Medikamenten, die nach Eintritt der Grenzsituation ins Spiel kommen, entscheide ich mich wie folgt: Wenn sie zum Stillen von Schmerzen oder Unrast und nicht lediglich zur Lebens- bzw. Sterbeverlängerung dienen, will ich sie nehmen, und zwar auch wenn dadurch eine Verkürzung des Lebens eintritt oder das Bewusstsein eingeschränkt wird.

G.
Das Abschalten der Apparate

Was aber soll man bedenken, wenn es um das Abschalten von künstlich-lebenerhaltenden Apparaten geht? Wer kann, darf oder soll das entscheiden?

1. Mit zu den schwierigsten Fragen im Zusammenhang mit einer Patientenverfügung gehört das Problem, ob und wann die künstlich Leben erhaltenden Apparate abgeschaltet werden sollen oder müssen. Hat der Patient hier mittels der Patientenverfügung das alleinige Bestimmungsrecht? Oder bedarf das Abschalten der Zustimmung der Angehörigen, der Vertrauensperson(en) oder gar der behandelnden Ärzte und/oder des Vormundschaftsgerichtes?

Nach der am 1.9.2009 in Kraft getretenen Gesetzesänderung stellt sich mir die Rechtslage wie folgt dar:

Neuerrichtete Patientenverfügungen sollten besonders sorgfältig und eingehend Stellung nehmen zu folgenden Punkten:

a) möglichst präzise und verständliche ***eigene Wertvorstellungen*** hinsichtlich seines Lebens und Sterbens;

b) möglichst präzise und detaillierte ***Darstellung der Umstände, Bedingungen*** etc., bei deren Eintritt die Apparatemedizin einzustellen ist. Dabei ist darauf zu achten, dass die Anordnungen in ihrer Ausdrucksweise eher zu scharf als zu weich formuliert werden („ich ordne an", „ich bestimme eindeutig", „ich untersage", „ich verbiete" usw.).

c) ***Benennung von Vertrauenspersonen*** – und ggf. Ersatzpersonen, für den Fall, dass diese wegfallen –, die in jedem Fall zustimmen müssen, falls abgeschaltet werden soll. Diese Personen sollen aber auch die Entscheidungskompetenz in Zweifelsfragen haben, soweit dies gesetzlich zulässig ist.

2. Das Bürgerliche Gesetzbuch bestimmt in § 1904, dass ein Betreuer und auch ein Bevollmächtigter die Zustimmung des Vormundschaftsgerichts einholen muss zu Maßnahmen, die einen schweren körperlichen Schaden hervorrufen können oder lebensbedrohlich sind. Es gibt kaum etwas Lebensbedrohlicheres als das Abschalten von Apparaten, die in Todesgefahr zur Lebensverlängerung eingesetzt werden. Also ist die Zustimmung einzuholen, wenn eine Vertrauensperson das Abschalten anordnet.

3. In der Patientenverfügung ist von mir zum Ausdruck zu bringen, dass ich selbst die Anordnung zum Abschalten gebe, falls bestimmte, näher festgelegte Bedingungen erfüllt sind. Das entlastet alle am Verfahren Beteiligten, weil sich jeder sagen kann: So war bzw. ist es der Wille des Kranken. Auch der Vormundschaftsrichter wird viel eher geneigt sein, zuzustimmen, wenn der Wille des Patienten so definitiv sichtbar wird.

4. Für die Angehörigen, die mit dem Kranken emotional am engsten verbunden sind, ist die Entscheidung abzuschalten gewissensmäßig am schwersten. Wer möchte schon diese Verantwortung tragen und

den späteren Gedanken verkraften, den Tod mit herbeigeführt zu haben? Der Trost liegt darin, dass der Mensch ohne die künstlichen Hilfen der Apparate schon längst gestorben wäre und dass jetzt endlich das Leid und Elend beendet wird. Schließlich auch in dem Wissen, dass der Betreffende selbst das Leiden beendet sehen möchte.

5. In unserer immer noch von christlichen Grundwerten beeinflussten Kultur werden es die meisten Menschen weit von sich weisen, in diesem Zusammenhang von finanziellen Interessen zu sprechen. Hinter vorgehaltener Hand sprechen Ärzte aber zunehmend mehr von ihren Eindrücken und Befürchtungen, Angehörige drängten auf baldiges Abschalten, weil sonst vom Erbe nichts mehr übrigbliebe. Da zählt jeder Tag.

Interesse kann auch vonseiten der öffentlichen Hand bestehen, die ggf. enorm hohe Summen zu zahlen hat, wenn ein Komapatient jahrelang gepflegt werden muss.

Andererseits wird immer wieder der Verdacht geäußert, Krankenhäuser und Ärzte hätten ein erhebliches Interesse daran, den Patienten möglichst lange am Leben zu erhalten, um leere Betten zu vermeiden.

Im Zusammenklang mit meinen anderen Glaubensgründen, nicht unnötig lange hier auf der Erde festgehalten zu werden, habe ich nichts gegen die Einbeziehung des Kostenfaktors in meine Überlegungen einzuwenden. Warum soll ich nicht an meine Kinder und Enkelkinder denken und ihnen unnötig lange Kosten vermeiden helfen?

H.
Befreiung von der Schweigepflicht

Sollte man in der Patientenverfügung einen Passus einfügen, der das Pflegepersonal von der Schweigepflicht gegenüber bestimmten Vertrauenspersonen entbindet?

1. Die Ärzte, das Pflegepersonal, die Krankenhausverwaltung usw. sind zur Verschwiegenheit verpflichtet. Das gilt nicht dem Patient selbst gegenüber und nicht dessen nächsten Angehörigen, also Ehegatten und Kindern (außer wenn der Patient es ausdrücklich verbietet, den nächsten Angehörigen Auskunft zu geben).

Wenn der Patient noch einwilligungsfähig ist, kann man ihn natürlich fragen, ob man dem Fragenden Auskunft geben darf. Ist er nicht mehr einwilligungsfähig, kann man den Fragenden an einen Angehörigen verweisen, der schon informiert ist.

Einfacher ist es selbstverständlich, wenn eine ausdrückliche Entbindung von der Schweigepflicht z.B. in der Patientenverfügung enthalten ist und vorgelegt wird. Dabei ist natürlich zu prüfen, ob die Entbindung jedermann gegenüber gilt oder nur für einen bestimmten Personenkreis. Erkundigt sich z.B. die Lebens- oder Krankenversicherung nach dem Krankheitszustand des Kranken, ohne eine eigene Entbindungserklärung vorzulegen, wird man selbst bei einer uneingeschränkten Freistellung von der Schweigepflicht nicht annehmen dürfen, der Patient sei mit einer so weiten Ausdehnung einverstanden.

2. Die Entbindungserklärung kann für die Zukunft jederzeit widerrufen oder eingeschränkt werden. Diese Widerrufs- bzw. Abänderungserklärung ist gegenüber demselben Erklärungsgegner abzugeben wie die Ursprungserklärung. Meines Erachtens ist das auch in mündlicher Form wirksam, dann aber schwerer beweisbar.

I.
Befreiung von der Haftung

Wie soll man sich in Bezug auf die Haftung bei medizinischen Fehlern absichern bzw. vorplanen?

1. Unter den Ärzten hat es sich längst herumgesprochen, dass mit den Juristen nicht gut Kirschen essen ist. Viele sind schon in die Haftungsfalle getappt, weil sie nicht genug aufgepasst haben. Nun scheuen sie das Risiko und verharren auf ihrem Feld der Medizin, wo sie sich halbweg sicher wähnen. Für die Praxis bedeutet dies zunehmende Probleme und aufwändige Überzeugungsarbeit.

Ganz sicher trifft für die Patientenverfügungen zu, dass diese ein nicht unerhebliches Risiko für die medizinischen und pflegenden Berufe darstellen aus folgenden Gründen:

a) Es gibt ihrer viel zu viele in ganz unterschiedlicher Fassung und Tragweite. Nahezu jeder Rechtsanwalt, Notar, Syndikus von Vereinigungen und Körperschaften im Gesundheitswesen, Hospizvereinigungen usw. hat sein eigenes Formular entwickelt und empfiehlt es. Weit verbreitet ist die christliche Patientenverfügung der christlichen Kirchen und der der *Arbeitsgemeinschaft christlicher Kirchen* (ACK).

b) Wenn eine solche Verfügung vorgelegt wird, wer kann so schnell ihren Inhalt erfassen und prüfen?

Und wer will sie bei jeder Maßnahme erneut zur Hand nehmen und klären, ob die Maßnahme gewünscht oder verboten ist?

Man kann sich nur wundern über die naive Frage bei Aufnahme in ein Krankenhaus, eine Alteneinrichtung usw: „Haben Sie eine Patientenverfügung? – Ja, dann ist es ja gut."

Die bloße Existenz einer Patientenverfügung ist so wenig aussagekräftig wie der Aktendeckel mit der Aufschrift „Zeugnisse" eines Bewerbers um eine Stelle, wenn man die Zeugnisse nicht zu Gesicht bekommt.

2. Man kann den Ärzten und dem Pflegepersonal entgegenzukommen und ihnen ein Stück von ihren Sorgen vor dem Juristischen zu nehmen. Dazu sollte man sie von der Haftung insoweit freistellen, wie sie sich im Rahmen der Patientenverfügung bewegen und nicht eigenmächtig darüber hinausgehen. Die Formulierung hierfür könnte lauten:

„Ich befreie hierdurch die Ärzte, Anästhesisten, Krankenhäuser, Altenheime und ähnliche Einrichtungen, deren Organe, Leitung und deren Personal wie auch meine Angehörigen und Vertrauenspersonen von jeglicher Verantwortung für die Entscheidungen im Rahmen der Patientenverfügung und für Schäden, die bei einer Befolgung der obigen Anweisungen entstehen, insbesondere auch, wenn ich ohne künstliche Maßnahmen überleben sollte, dann aber irreparable Schäden zurückbehalte."

J.
Gültigkeitsdauer, Widerruf, Abänderungen etc.

Ist die Patientenverfügung ein für alle Mal gültig oder muss sie regelmäßig aktualisiert werden?

1. Solange es im bürgerlichen Recht keine spezielle abweichende gesetzliche Regelung gibt – und zur Zeit gibt es eine solche nicht –, in der die Gültigkeitsdauer abweichend von der normalen Regelung bestimmt ist, gilt die einmal errichtete Patientenverfügung so lange, bis sie widerrufen oder abgeändert wird. Eine wiederholte Bestätigung, etwa alle zwei Jahre, wie das oft als zwingend dargestellt und gefordert wird, ist darum nicht notwendig. Ich habe gegen diese Forderung der regelmäßigen Wiederholung auch folgende erhebliche Bedenken: Hat man die fortdauernde Gültigkeit der Patientenverfügung regelmäßig, also z.B. alle zwei Jahre, bestätigt und bricht dann diese Kette ab – vielleicht hat man es schlicht vergessen oder man ist nicht mehr einwilligungsfähig, kann z.B. nicht mehr unterschreiben. Dann entsteht notwendigerweise erst recht der Zweifel, ob die Patientenverfügung noch zu beachten ist. Ärzte, die der Patientenverfügung skeptisch gegenüberstehen und sie am liebsten umgehen möchten, könnten mit Recht argumentieren:

„Die Nichtweiterführung der Unterschriftskette ist einem Widerruf gleichzusetzen. Zumindest ist für mich die Rechtslage zu ungewiss, als dass ich mich darauf einlassen könnte. Die Patientenverfügung ist für mich nicht mehr relevant."

Gerade dann, wenn die Grenzsituation eintritt und die Patientenverfügung dringend benötigt wird, treten wegen Abbruch der Bestätigungskette massive Zweifel an dem Fortbestand und der Gültigkeit der Patientenverfügung auf. Das muss verhindert werden.

Zugegeben: Es ist ein Problem, wenn die Verfügung sehr alt ist und keinerlei Anzeichen vorhanden sind, dass der Patient noch dazu steht. Vielleicht kennt er ihre Existenz bzw. ihren Inhalt überhaupt nicht mehr. Eine Möglichkeit, aus diesem Dilemma herauszukommen sehe ich darin, von Zeit zu Zeit, in ganz unregelmäßigen Abständen kleine Veränderungen und Ergänzungen vorzunehmen und unter dem Text oder am Rande mit Datum und Unterschrift zu notieren. Aber im Prinzip muss gelten, dass eine Patientenverfügung fortdauernd gültig ist, bis sie eindeutig widerrufen ist. Das kann in dem Text etwa wie folgt zum Ausdruck kommen: „Diese Verfügung soll bis zum ausdrücklichen, schriftlichen Widerruf (bei notarieller Form: bis zum ausdrücklichen schriftlichen Widerruf gegenüber dem amtierenden Notar bzw. seinem Amtsnachfolger) in vollem Umfang in Kraft bleiben; eine wiederholte Bestätigung ist darum in keinem Fall notwendig."

2. Irritationen sind durch ein Urteil des Bundesgerichtshofs entstanden. Danach muss sich der behandelnde Arzt in jeder Phase der Behandlung vergewissern, ob der Kranke noch an seinen Bestimmungen in der Patientenverfügung festhält oder ob er doch lieber die Hilfe der „Apparate-Medizin" in Anspruch

nimmt. Man kann sich unschwer vorstellen, welchen Versuchungen der Arzt ausgesetzt ist, den Patienten in seinem Sinne zu beeinflussen. Und man kann sich auch denken, welche Beweisschwierigkeiten auftreten können, wenn der Kranke nicht mehr klar im Kopf ist oder sich nur schwer artikulieren kann. Aus diesem Grunde schlage ich folgende Formulierung vor:

„Ein mündlicher Widerruf darf nur dann berücksichtigt werden, insbesondere wenn Zweifel hinsichtlich meiner Geschäftsfähigkeit bestehen, wenn der Widerruf unmissverständlich und eindeutig in Gegenwart von mindestens zwei Zeugen, die nicht zum behandelnden Personal gehören dürfen, geäußert worden ist."

Und wenn ich etwas abändern will?

3. Abänderungen sind wie der Widerruf jederzeit zulässig, soweit und solange noch die Einwilligungsfähigkeit besteht. Natürlich kann durch eine Änderung nicht den bis dahin getroffenen Entscheidungen und Maßnahmen der Rechtsboden entzogen werden. Aber für die Zukunft sind die Änderungen zu beachten, soweit sie dem Handelnden bekanntgegeben sind.

Gibt es einen Schutz, dass mein Wille auch tatsächlich ausgeführt wird, auch wenn ich nicht mehr einwilligungsfähig oder gar bewusstlos bin?

4. Wenn keine ausreichend detaillierte und präzise Anweisung für die Grenzsituation gegeben worden ist, sind die Personen, die dann für mich verantwortlich handeln sollen, vielfach auf Vermutungen angewiesen. Problematisch wird es aber dann, wenn von den präzisen Angaben in der Patientenverfügung

abgewichen werden soll, z.B. weil die Wertvorstellung der Handelnden von denen des Patienten abweichen. Häufig beruft man sich in einer solchen Situation auf „eine vermutete Einwilligung", „eine unvorhersehbare Situation", auf „Geschäftsführung ohne Auftrag" und Ähnliches.

Folgende Formulierung bietet gewissen Schutz:

„Auch im Fall meiner Einwilligungsunfähigkeit, insbesondere Bewusstlosigkeit, soll meine vorstehende Willenserklärung unverändert gültig sein. Sollte ich einwilligungsunfähig, gar bewusstlos werden, ist das für mich keine unvorhersehbar Situation, in der jemand über eine mögliche Änderung meines Willens Mutmaßungen anzustellen hätte."

Besseren und flexibleren Schutz bietet aber, wie oben dargestellt, die Einsetzung von Vertrauenspersonen. Sie treffen bei Eintritt der Grenzsituation, wenn ich nicht mehr einwilligungsfähig bin, die notwendigen Entscheidungen für mich.

K. Strafantrag bei Nichtbeachtung der PV?

Wie sind meine Rechte, wenn ich meine, dass das Pflegepersonal oder die Ärzte nicht der Patientenverfügung entsprechen?

Unerlaubte Eingriffe, schon das Setzen einer Spritze ohne Einwilligung, sind strafbare Körperverletzungen. Der Patient hat das Recht, über seinen Körper selbst zu bestimmen. Daher sind zwangsweise vorgenommene Behandlungen unzulässig. Das gilt selbst dann, wenn der Patient stirbt, weil die notwendige Behandlung auf Verlangen des Patienten unterblieben ist.

Zuweilen sind die Befürchtungen eines Menschen, später werde sich ein Arzt nicht an die Patientenverfügung halten, übermächtig stark. So verlangte ein Klient bei der Beurkundung: „Herr Notar, schreiben Sie rein: ‚Ich verpflichte meine Angehörigen, gegen den Arzt, der sich nicht an diese Patientenverfügung hält, Strafantrag zu stellen. Und wenn die Angehörigen den Strafantrag nicht stellen, werden sie enterbt.'"

Wenn ein Arzt so etwas liest, wird er natürlich sehr vorsichtig sein. Ich halte eine derart weitgehende Bestimmung im Übrigen für unwirksam, weil sie eine „Verfügung von Todes wegen" enthält und die dafür erforderlichen Formvorschriften nicht eingehalten sind.

Meines Erachtens reicht aber für eine Warnfunktion bereits folgende Bestimmung:

„Wenn sich die behandelnden Ärzte über meinen vorstehend erklärten Willen hinwegsetzen, stelle ich meinen Erben bzw. Angehörigen anheim, sich mit einem Anwalt in Verbindung zu setzen."

L. Organspende

Ich hab da noch eine Frage: Sollte man die Untersagung oder die Einwilligung zu einer Organspende mit in die Patienverfügung einbauen?

Ob eine Patientenverfügung der geeigneter Ort ist, eine Regelung hinsichtlich Organspende zu treffen, ist nicht ganz sicher. Wenn man gegen Organspende ist – aus welchen Gründen auch immer – und die Entnahme von Organen im Falle des Todes untersagt, empfiehlt sich sogar, in der Patientenverfügung zu formulieren:

„Im Falle meines Todes bin ich mit einer Organspende nicht einverstanden und untersage die Entnahme von Organen."

Will man für den Fall des Todes die Entnahme von Organen erlauben, empfiehlt sich ein offizieller Organspenderausweis, weil darin die notwendigen Angaben präziser aufgeführt sind. Aber grundsätzlich bestehen keine Bedenken, diese Angaben auch in die Patientenverfügung zu übernehmen.

M.
Unterschrift

Wie wird eine abgefasste Patientenverfügung rechtskräftig?

Das Gesetz schreibt vor, dass eine Patientenverfügung zumindest schriftlich abgefasst und eigenhändig unterschrieben werden muss. Zeugen müssen nicht, können aber zugezogen werden, z.B. aus Beweissicherungsgründen.

Ist der Patient geistig klar und einwilligungsfähig, aber aus anderen Gründen schreibunfähig, bleibt immer noch die Beurkundung oder Beglaubigung durch einen Notar. Der wird dann von sich aus Zeugen hinzuziehen und so eine wirksame Verfügung erstellen.

Herzlichen Dank. Das waren wertvolle Hinweise. Ich sehe jetzt wesentlich klarer und werde mich in den nächsten Tagen hinsetzen und eine Patientenverfügung abfassen. Meine Angehörigen sollen es so einfach wie möglich haben und klar wissen, wie meine Auffassung und mein Wille bezüglich einer ärztlichen Versorgung in der letzten Zeit vor meinem Ableben ist.

In den folgenden Muster-Verfügungen und Vollmachten finden Sie die verschiedenen möglichen Alternativen der Formulierungen als Textbausteine. Schauen Sie sich das in Ruhe an. Es soll Ihnen eine Hilfe sein.

Anhang:
Muster-Verfügungen und -Vollmachten

Auf den folgenden Seiten fügen wir einige Muster mit verschiedenen Text-Bausteinen an, die Sie selbst nach Ihren Bedürfnissen zusammenstellen können.

Vorbemerkung

Die nachstehenden Muster von Textbausteinen sind weder verbindlich noch abschließend/umfassend, sondern dienen lediglich beispielhaft der eigenen Willensbildung.

Die in der Vergangenheit verfassten Patientenverfügungen haben zum großen Teil ihre Gültigkeit nicht verloren und halten in der Regel den heutigen Anforderungen stand. Gleichwohl ist eine Überprüfung in den nächsten Jahren – auch anhand der nachstehenden Muster – dringend empfehlenswert, weil die Rechtsprechung zur Patientenverfügung sich noch in der Entwicklung befindet. Es zeichnet sich die Tendenz ab, dass der Patient seine akute Krankheitssituation mit einem Arzt im Hinblick auf die Patientenverfügung bespricht.

Die Textbausteine auf den folgenden Seiten stehen auf der Internetseite ***www.senioren-fuer-christus.de*** *zum Download zur Verfügung.*

Muster einer ***Patientenverfügung***

1. Personalien

1. Ich, der Unterzeichnete (Name, Vorname, Geburtsname, Anschrift z.B. Mustermann, Gerd, geb. am 10.11.1937, wohnhaft Gartenstr. 11 in Xstadt) habe mich ausführlich mit dem Thema „Sterben und eigener Tod" befasst und auch mit meinem Hausarzt Dr. XY, Zstr. 5 in Xstadt, meine Krankheitssituation (z.B. Diabetes und Herzkrankheit) und die für die Zeit meines Ablebens voraussichtlich sich ergebenden Komplikationen besprochen.

2. Wertvorstellungen und Grundwerte

2. Eigene Wertvorstellungen und Grundwerte, die von allen für mich Handelnden zu beachten sind und die bei der Auslegung und Durchführung der Patientenverfügung heranzuziehen sind.

Alternative 2.1 (überzeugter Christ)

Mein Leben ist geprägt vom Glauben an Jesus Christus, als meinem Herrn und Heiland. Ich weiß mich von der Bibel her und aus vielen Erfahrungen im Leben geborgen im Willen und Plan Gottes, der mein Vater ist. Bei ihm ist meine eigentliche Heimat. Der Apostel Paulus hat das gegen Ende seines Lebens einmal so ausgedrückt und damit in diesem Punkt meine eigenen Empfindungen getroffen: *„Ich* *habe Lust abzuscheiden, um bei Christus zu sein, denn das ist weit besser ..."* (Philipper 1,23)

Darum halte ich es – ganz subjektiv von mir her gesehen – für unzulässig und nahezu anmaßend, wenn Ärzte oder andere Menschen mich länger auf der Erde festhalten wollen, als der Körper nach den von Gott bestimmten natürlichen Gegebenheiten es zulässt. Schlichtweg gesagt: Ich will nach Hause zu Gott. Jetzt können andere die Aufgaben übernehmen, die ich im Reich Gottes und auf der Erde noch hatte – mich hält nichts mehr.

Ich formuliere dies, ohne depressiv oder lebensmüde zu sein. Sondern ich bin bei Abfassung des Textes – wie man so sagt – noch voll da und voller Lebensfreude.

<u>*Alternative 2.2*</u> (überzeugter Humanist)

Mein Leben ist geprägt vom Humanismus, vor allem von der Liebe zu meiner Familie. Ich wünsche, in meinem Alter und bei einer zum Tod führenden Krankheit keinem Menschen unnötig zur Last zu fallen. Vor dem Sterben habe ich keine Angst. Ein menschenwürdiges Sterben beinhaltet nach meiner Überzeugung auch das Annehmen des Sterbens. Darum lehne ich sterbeverlängernde Maßnahmen gemäß nachstehenden näheren Bestimmungen ab.

<u>*Alternative 2.3*</u> (der am Leben bleiben will)

Ich habe einen starken Lebenswillen und schon manche Krankheit besiegt. Darum sollen Ärzte, Angehörige, Pflegende usw. alles nur irgend Vertretbare tun – koste es, was es wolle –, mich am Leben zu erhalten und mich im Kampf um das Leben unterstützen. Es könnten im letzten Augenblick noch lebenrettende Medikamente auf den Markt kommen.

3. Fremde Wertvorstellungen

Falls ich nicht mehr selbst entscheiden kann und andere für mich entscheiden werden, sollen diese meine vorstehenden sowie die sonst in dieser Patientenverfügung zum Ausdruck kommenden, ggf. mutmaßlichen Wertvorstellungen allein maßgeblich sein und nicht die Vorstellungen der Entscheidenden.

4. In Würde sterben

Ich möchte in Würde, Ruhe und Frieden sterben können, nach Möglichkeit in meiner vertrauten Umgebung (und nicht im Badezimmer eines Krankenhauses), und erkläre hierdurch mein Einverständnis, als Patient nach allen Regeln der ärztlichen Kunst versorgt zu werden mit folgenden Einschränkungen (untersagte Maßnahmen):

Alternative 4.1

Ich möchte menschlich sterben und untersage alle lebensverlängernden und insbesondere sterbeverlängernden Maßnahmen, wenn

a) ich mich unabwendbar im unmittelbaren Sterbeprozess befinde, bei dem jede lebenserhaltende Therapie das Sterben oder Leiden ohne Aussicht auf Besserung verlängern würde,

b) oder keine annähernd gewisse Aussicht auf Gesundung von körperlicher oder geistiger Krankheit, vor allem solcher mit Bewusstseinsverlust, besteht, die nach menschlichem Ermessen mit hoher Wahrscheinlichkeit in absehbarer naher Zukunft zum Tode führt,

c) wenn es zu einem nicht behandelbaren dauernden Ausfall lebenswichtiger Funktionen meines Körpers kommt.

In all diesen Fällen sollen keine lebens- und sterbeverlängernden Maßnahmen mehr getroffen werden, sondern dem natürlichen Sterbevorgang des Körpers Raum gegeben werden und nur noch pflegerische und erleichternde, schmerzlindernde usw. Maßnahmen palliativer Art ergriffen werden.

Alternative 4.2

Im Falle X (Grenzsituation), d.h. nicht endender und wahrscheinlich nicht behebbarer, länger als ... (z.B. 12) Wochen dauernder Bewusstlosigkeit, wahrscheinlicher schwerer Dauerschädigung des Gehirns oder des dauernden Ausfalls lebenswichtiger Funktionen meines Körpers oder bei ungünstiger Prognose hinsichtlich meiner Erkrankung, untersage ich Intensivtherapie, Anwendung der Apparatemedizin, Reanimation und ähnliche Maßnahmen, vor allem dann, wenn hierdurch nicht mehr oder nicht vielmehr erreicht werden kann als eine Verlängerung des Sterbevorgangs oder des Leidens, das mit hoher Wahrscheinlichkeit zum Tode führt, ohne begründete Aussicht auf Besserung.

Ferner ordne ich in der Absicht, meinen Angehörigen die Entscheidung zu erleichtern und möglichst Gewissensbelastungen zu vermeiden, an, etwaige Apparate abzuschalten und die Behandlung abzubrechen. Voraussetzung hierfür ist, dass nach dem übereinstimmenden Urteil zweier unabhängiger, zur gegebenen Zeit nicht behandelnder Ärzte, die von meinen Vertrauenspersonen bestimmt werden, die vorbezeichnete Grenzsituation eingetreten ist und meine Vertrauenspersonen mehrheitlich zustimmen.

Alternative 4.3

Ich verbiete alle lebensverlängernden und insbesondere sterbeverlängernden Maßnahmen durch

Intensiv- und Apparatemedizin; vor allem Anschluss an eine Herz-Lungenmaschine, Dialyse, Einsetzung bzw. Erneuerung eines Herzschrittmachers/Defibrillators, künstliche Ernährung, z.B. durch eine PEG (Magensonde) als Dauermaßnahme, Intensivtherapie, maschinelle Beatmung, Bluttransfusion, Hämodialyse, medikamentöse Behandlung mit dem Ziel der Lebensverlängerung, Reanimation (Wiederbelebung), ferner jede andere Untersuchung, Behandlung, Operation etc., durch die nicht mehr oder nicht wesentlich mehr erreicht wird als Verlängerung meines Leidens oder meines Sterbeprozesses. Dies schließt den Behandlungsabbruch und das Abschalten der Apparate ein.

Zusatzmöglichkeit zu allen Alternativen unter 4:

Im Willen menschenwürdig und gott- bzw. naturgemäß zu sterben, nehme ich nach Abwägung des Für und Wider in Kauf:

a) dass ich ohne Sondenernährung verhungere und/oder verdurste;

b) dass ohne die verbotenen Maßnahmen, Apparate und Maschinen mein Tod früher eintreten kann;

c) die behandelnden Ärzte, Pflegepersonen usw. auf mich oder meine Angehörigen ggf. einwirken mit dem Ziel, dass ich die Patientenverfügung ganz oder teilweise widerrufe bzw. dass die von mir verbotenen Maßnahmen doch angewandt werden, z.B. um den Verlauf der Krankheit wissenschaftlich genauer zu beobachten oder zu dokumentieren oder weil sie andere Ziel- und/oder Wertvorstellungen haben.

5. Ausdrücklich bis zuletzt gewünschte Maßnahmen

<u>*Alternative 5.1*</u>

Zum Kernkatalog der ausdrücklich noch gewünschen Maßnahmen gehören außer den üblichen, selbstverständlichen pflegerischen Dingen z.B. die Zuführung der notwendigen Medikamente, um mich von Schmerz, Übelkeit, Erbrechen, Angst, großer Belastung etc. zu befreien, kleine Eingriffe, wie das Ziehen eines vereiterten Zahnes, um Schmerzen zu beheben, oder auch andere Eingriffe mit dem gleichen Ziel, wenn der Schmerz anders nicht zu beseitigen ist.

<u>*Alternative 5.2*</u>

Wenn es in der Grenzsituation, also im Fall X, unmöglich oder nahezu unmöglich bzw. unwahrscheinlich erscheint, dass ich zu einem bewussten Leben zurückkehre, untersage ich jegliche Verabreichung von Medikamenten, insbesondere für Herz, Kreislauf, Magen, Leber, auch Insulin usw. außer solchen palliativen, die mich von akuten Schmerzen, Übelkeiten, Ängsten u.Ä. befreien oder davor schützen.

6. Vertrauenspersonen

Wenn ich nicht mehr ausreichend einwilligungsfähig bin, sollen für mich – ggf. mit mir – folgende Vertrauenspersonen die erforderlichen Entscheidungen treffen: mein Ehepartner, wenn und soweit er dazu noch in der Lage ist, ferner meine beiden Kinder AB, geb. am ..., wohnhaft Brunnenstr. 3, Xstadt, Tel. ..., und CD, geb am ..., wohnhaft ..., Tel. ...

7. Gültigkeit, Widerruf

Alternative 7.1

Auch im Fall meiner Bewusstlosigkeit bzw. Einwilligungsunfähigkeit soll meine vorstehende Willenserklärung unverändert gültig sein. Sollte ich bewusstlos werden, ist das für mich keine unvorhersehbare Situation, in der jemand über eine mögliche Änderung meines Willens Mutmaßungen anzustellen hätte. Diese Verfügung soll bis zum ausdrücklichen schriftlichen Widerruf (bei notarieller Beurkundung: gegenüber dem beurkundenden Notar bzw. seinem Amtsnachfolger) in vollem Umfang bei Kräften bleiben, eine wiederholte Bestätigung (etwa alle 2 Jahre) ist darum in keinem Fall notwendig. Die Aufbewahrungsstelle/der Notar darf und soll jedermann und jederzeit Auskunft über Inhalt und ggf. einen vorliegenden Widerruf der Patientenverfügung geben. Ein mündlicher Widerruf darf nur dann berücksichtigt werden, wenn dieser völlig unmissverständlich, ausdrücklich und eindeutig in Gegenwart von mindestens zwei Zeugen, die nicht zum behandelnden Personal gehören dürfen, geäußert worden ist. Im Zweifel entscheiden meine Vertrauenspersonen. Meine Willenserklärung soll auch für meine gesetzlichen und rechtsgeschäftlichen Vertreter, Vertrauenspersonen, Angehörigen und Erben bindend sein.

Alternative 7.2

Wie 7.1, jedoch Zusatz: Wenn sich die behandelnden Ärzte über meinen vorstehend erklärten Willen hinwegsetzen, stelle ich meinen Vertrauenspersonen, Angehörigen und Erben anheim, sich mit Hilfe eines Anwalts und/oder des Betreuungsgerichts durchzusetzen.

Mein Auftrag zur ärztlichen Versorgung ist somit wie vorstehend beschrieben begrenzt.

Alternative 7.3

Wie 7.1, jedoch Zusatz: Aktive Sterbehilfe lehne ich ab.

8. Befreiung von Schweigepflicht

Alternative 8.1

Von der Pflicht zur Verschwiegenheit befreie ich hierdurch alle mich behandelnden Ärzte, Anästhesisten, Krankenhäuser, Pflegeheime, Senioreneinrichtungen, ihre Leitung und Mitarbeiter, die sonstigen Angehörigen der Pflegeberufe, auch alle diese untereinander wechselseitig, ferner gegenüber den Krankenkassen und Privatversicherungen – Letzteren, soweit ich ihnen anderweitig Befreiung bzw. Erlaubnis zur Einholung von Auskünften erteilt habe – ferner gegenüber meinen Vertrauenspersonen, nahen Angehörigen und amtlichen Betreuern.

Alternative 8.2

Ich entbinde alle behandelnden Ärzte sowie alles ärztliche und nichtärztliche Pflegepersonal gegenüber meinen Vertrauenspersonen sowie Betreuern und und von mir Bevollmächtigten von ihrer Schweigepflicht. Die Vertrauenspersonen und Bevollmächtigten dürfen insbesondere Krankenunterlagen einsehen und ihre Herausgabe an sich und an Dritte verlangen sowie alle Auskünfte einfordern.

9. Befreiuung von der Haftung

Alternative 9.1

Ich befreie hierdurch die Ärzte, Anästhesisten, Krankenhäuser, Altenheime und ähnliche Einrichtungen, die mich aufgenommen haben, deren Organe, Leitung und deren Personal wie auch meine Angehörigen und Vertrauenspersonen von jeglicher Verantwortung und Haftung für die Entscheidungen im Rahmen der Patientenverfügung und für Schäden, die ausschließlich bei einer Befolgung der obigen Anweisungen entstehen, insbesondere auch, wenn ich ohne künstliche Maßnahmen überleben sollte, dann aber irreparable Schäden zurückbehalte.

Alternative 9.2

Sollten infolge der Beachtung der Patientenverfügung ohne zusätzliche Fehler der Entscheidenden, insbesondere Kunstfehler der Behandelnden, bei mir irreparable Schäden entstehen, stelle ich hierdurch die dafür Verantwortlichen haftungsmäßig frei.

10. Gültigkeitsdauer, Widerruf, Abänderungen, vermutete Einwilligung

Alternative 10.1

Auch im Fall meiner Einwilligungsunfähigkeit, insbesondere Bewusstlosigkeit, soll meine vorstehende Willenserklärung unverändert gültig sein. Sollte ich einwilligungsunfähig, gar bewusstlos werden, ist das für mich keine unvorhersehbar Situation, in der jemand über eine mögliche Änderung meines Willens Mutmaßungen anzustellen hätte.

Diese Patientenverfügung soll bis zum ausdrücklichen schriftlichen Widerruf (falls sie notariell beurkundet wird: gegenüber dem amtierenden Notar bzw. seinem Amtsnachfolger) in vollem Umfang in Kraft bleiben, eine wiederholte Bestätigung ist darum in keinem Fall notwendig. Der Notar darf und soll jedermann und jederzeit Auskunft über einen ihm vorliegenden Widerruf geben. Bestehen auch nur die geringsten Zweifel an meiner Einwilligungsfähigkeit, darf ein mündlicher Widerruf nur dann berücksichtigt werden, wenn dieser völlig unmissverständlich, eindeutig und ausdrücklich in Gegenwart von mindestens zwei Zeugen, die nicht zum behandelnden Personal gehören dürfen, geäußert worden ist.

Meine Willenserklärung soll auch für meine Vertrauenspersonen, Angehörigen, Erben, Bevollmächtigten, Betreuer etc. bindend sein.

Wenn sich die behandelnden Ärzte über meinen vorstehend erklärten Willen hinwegsetzen, stelle ich meinen Angehörigen und Vertrauenspersonen anheim, sich mit Hilfe des Betreuungsgerichtes bzw. eines Anwaltes durchzusetzen.

Alternative 10.2

Diese Patientenverfügung soll so lange Bestand haben, bis ich sie ausdrücklich widerrufe. Eine ausdrückliche Bestätigung, etwa im Abstand von 2 Jahren entfällt damit. Ich kann sie jederzeit abändern, ergänzen und teilweise oder gänzlich widerrufen, auch mündlich.

11. Sterbehilfe

Alternative 11.1

Aktive Sterbehilfe lehne ich entschieden ab, und zwar aus christlicher Überzeugung (aus humanistischer Überzeugung).

Alternative 11.2

Zur aktiven Sterbehilfe gebe ich keine Stellungnahme ab.

12. Organspende

Alternative 12.1

Im Falle meines Todes bin ich mit einer Organspende nicht einverstanden und untersage die Entnahme von Organen.

Alternative 12.2

Im Falle meines Todes bin ich mit einer Organspende und Gewebetransplantation einverstanden, wenn und soweit dies anderen Menschen und nicht nur der Wissenschaft allgemein unmittelbar zugute kommt und hierdurch die Beerdigung nicht über den normalen Rahmen hinaus verzögert wird.

Alternative 12.3

Im Falle meines Todes bin ich mit einer Organspende und Gewebetransplantation ohne Einschränkungen einverstanden. Ich habe einen Organspendeausweis.

13. Aufbewahrung

Alternative 13.1 (bei notariell beurkundeter Verfügung)

Ich bitte, mir eine Ausfertigung und eine beglaubigte Abschrift dieser Urkunde zu erteilen. Den Vertrauenspersonen soll sofort je eine Ausfertigung erteilt werden, jedoch zu meinen Händen. Wenn ich nachweislich nicht mehr in der Lage bin – z.B. gemäß ärztlichem Attest –, selbst solche zu verlangen, kann jede Vertrauensperson weitere Ausfertigungen und beglaubigte Abschriften anfordern.

Außerdem bewahre ich bei meinem Personalausweis oder in meinem Geldbeutel einen kleinen Hinweis auf, dass ich eine Reanimation verbiete und wo im Übrigen meine Patientenverfügung aufbewahrt wird.

<u>*Alternative 13.2*</u> (bei privatschriftlicher Form)

Ich habe diese Patientenverfügung vierfach, in völlig gleichlautenden Exemplaren erstellt; davon habe ich eines selbst behalten, je ein Exemplar den drei Vertrauenspersonen ausgehändigt. Mir ist bewusst, dass ich bei einem Widerruf oder bei einer Abänderung alle vier Exemplare abändern bzw. vernichten und den Vertrauenspersonen Kenntnis davon geben muss.

Außerdem bewahre ich bei meinem Personalausweis oder in meinem Geldbeutel einen kleinen Hinweis auf, dass ich eine Reanimation verbiete und wo im übrigen meine Patientenverfügung aufbewahrt wird.

14. Unterschrift

Das Gesetz schreibt zumindest Schriftform der Patientenverfügung vor, d.h. sie muss mit der eigenen Hand unterschrieben werden. Zeugen müssen nicht, können aber mit unterschreiben, um später Zweifel abzuwehren.

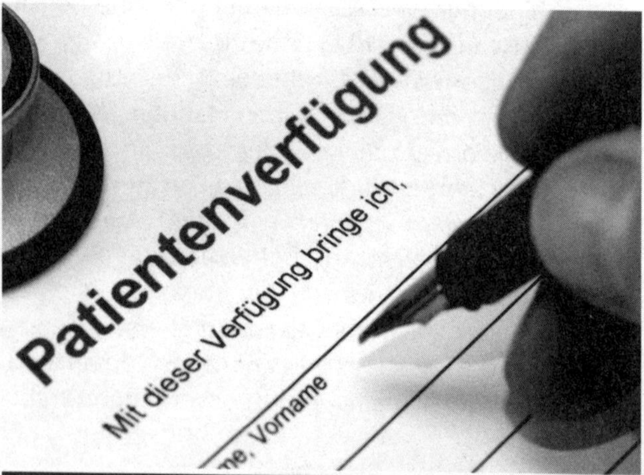

Muster einer **Generalvollmacht**

Beispiel: Generalvollmacht Eltern mit zwei Kindern (notariell beurkundet, was empfohlen wird)

Verhandelt zu ______________ am ________________

Vor dem unterzeichneten (Name des Notars) Notar im Oberlandesgerichtsbezirk (z.B. Düsseldorf) mit dem Amtssitz in __________________ erschienen:

die Eheleute
Herr AB, geb. am ______________,
und Frau CB geb. D, geb. am ______________,
beide wohnhaft in ______________________________
ausgewiesen durch ______________________________.

Die Erschienenen erklärten mit der Bitte um Beurkundung:

Generalvollmacht

1. Wir bevollmächtigen hiermit, und zwar jeden Einzeln zu handeln berechtigt,

1.1 uns wechselseitig,

1.2 unsere Kinder,

a) Vorname, Name, Geburtsdatum, Anschrift, Telefon,

b) Vorname, Name, Geburtsdatum, Anschrift, Telefon,

den jeweiligen Vollmachtgeber in allen persönlichen und vermögensrechtlichen Angelegenheiten – auch in jeder Hinsicht in den Bereichen der Gesundheitsvorsorge und der Bestimmung des Aufenthaltes

– soweit dies gesetzlich zulässig ist, gerichtlich und außergerichtlich zu vertreten, insbesondere auch für den Fall einer etwaigen zukünftigen Geschäftsunfähigkeit.

Diese Vollmacht umfasst auch alle Rechtshandlungen und Willenserklärungen, die ein gerichtlich bestellter Betreuer weitestgehend, auch mit vormundschaftsgerichtlicher Genehmigung, vornehmen könnte. Mit dieser Vollmacht soll die Notwendigkeit der Bestellung eines Betreuers in vollem Umfang entfallen. Sollte die Bestellung eines Betreuers unumgänglich notwendig werden, ist der seitens des Gerichts zu bestellende Betreuer aus dem Kreis der Bevollmächtigten zu nehmen.

Auch wenn die Bevollmächtigten im Außenverhältnis einzelvertretungsberechtigt sind, sollen sie sich im Innenverhältnis miteinander abstimmen und sind verpflichtet, die anderen Bevollmächtigten über alle wesentlichen Maßnahmen zu informieren, insbesondere wenn sie über einen Wert von 500,- Euro hinausgehen. Sie sind zur wechselseitigen Kontrolle der Vollmachtausübung und zur Geltendmachung der Rechte aus dem Auftragsverhältnis berufen. Der wechselseitige Widerruf der Vollmacht ist ausgeschlossen. Eine Überwachung durch Dritte ist nicht erforderlich. Sollte das Vormundschaftsgericht eine Vollmachtsbetreuung für erforderlich halten, sollen zwei der Bevollmächtigten, darunter der andere Ehegatte, Vollmachtsbetreuer für die anderen sein.

2. Falls der betreffende Vollmachtgeber geschäftsunfähig wird oder sich zeitweilig oder auf Dauer aus anderen Gründen nicht mehr klar äußern kann, sind zwei der Bevollmächtigten, darunter der andere Ehe-

gatte, solange dieser lebt und geschäftsfähig ist, ansonsten zwei Kinder gemeinschaftlich im Rahmen der gesetzlichen Grenzen berechtigt:

a) den Aufenthalt zu bestimmen,
b) sowie alle Entscheidungen zu treffen und Einwilligungen zu erteilen, die im Zusammenhang mit einer Untersuchung des Gesundheitszustandes, einer Heilbehandlung und/oder einem ärztlichen Eingriff oder der Unterlassung von Eingriffen oder Behandlungen oder einem Behandlungsabbruch stehen.

   Wenn die begründete Gefahr besteht, dass der betreffende Vollmachtgeber aufgrund der Maßnahme sterben oder einen schweren oder längerdauernden gesundheitlichen Schaden erleiden könnte (§ 1904 BGB), sind die Bevollmächtigten zu diesen Entscheidungen und Einwilligungen berechtigt, bedürfen aber nach § 1904 Abs. 2 BGB der vormundschafts- bzw. betreuungsgerichtlichen Genehmigung, sofern nicht Gefahr im Verzug ist.

   Wenn aufgrund einer psychischen Krankheit oder geistigen oder seelischen Behinderung bei einem der Vollmachtgeber die Gefahr einer Selbsttötung oder erheblicher gesundheitlichen Selbstschädigung besteht, sind zwei der Bevollmächtigten, darunter

c) ein geschäftsfähiger Ehegatte, solange ein solcher lebt, gemeinschaftlich – mit vormundschaftsgerichtlicher Genehmigung – berechtigt zur Unterbringung, die mit Freiheitsentziehung verbunden ist, soweit und solange sie zum Wohl des betreffenden Vollmachtgebers erforderlich ist. Ferner auch, wenn ohne Unterbringung eine

Untersuchung des Gesundheitszustandes, eine Heilbehandlung oder ein ärztlicher Eingriff nicht vorgenommen werden kann oder der betreffende Vollmachtgeber aufgrund einer psychischen Krankheit oder geistigen oder seelischen Behinderung die Notwendigkeit der Unterbrinung nicht erkennen oder nicht nach dieser Einsicht handeln kann. Die Unterbringung ist zu beenden, sobald ihre Voraussetzungen weggefallen sind, dem Vormundschaftsgericht ist die Beendigung anzuzeigen. Vorstehendes gilt entsprechend bei einem Aufenthalt in einer Anstalt, einem Heim oder sonstigen Einrichtung, wenn über einen längeren Zeitraum oder regelmäßig durch mechanische Vorrichtungen (z.B. Bettgitter, Gurt) oder Medikamente oder auf andere Weise die Freiheit entzogen werden soll.

(Bemerkung: Es ist notwendig, diese Bestimmung möglichst wörtlich in die Vollmacht aufzunehmen, sonst wird sie nicht akzeptiert und ein Betreuer muss in solchen Fällen vom Gericht bestellt werden!)

Jeder Bevollmächtigte ist auch einzeln berechtigt, überall, insbesondere bei allen Krankenanstalten, Pflegeeinrichtungen, bei behandelnden Ärzten, Pflegepersonal, Versicherungen, Krankenkassen etc. uneinschränkt Auskünfte einschließlich Diagnose und Prognose einzuholen. Diese werden von der Pflicht zur Verschwiegenheit entbunden.

Jeder Bevollmächtigte ist auch befugt, im Einzelfall Untervollmacht zu erteilen.

Jeder Bevollmächtigte ist von den Beschränkungen des § 181 BGB befreit, sofern er zusammen mit einem anderen Bevollmächtigten handelt.

Die Vollmacht erlischt nicht mit dem Tode des betreffenden Vollmachtgebers, sondern soll auch für dessen Erben wirksam bleiben. Sie kann aber jederzeit ganz oder teilweise durch den betreffenden Vollmachtgeber, und nach dessen Tode durch jeden seiner Erben unter Vorlage eines Erbnachweises, widerrufen werden. Der Widerruf ist auch dem amtierenden Notar bzw. seinem Amtsnachfolger gegenüber zu erklären. Dieser wird ermächtigt und beauftragt, auf Rückfrage jedermann und jederzeit Auskunft über einen etwa vorliegenden Widerruf zu erteilen. Wir sind darüber belehrt worden, dass trotz eines Widerrufes die Vollmacht Dritten gegenüber, die vom Widerruf keine Kenntnis haben, solange als fortbestehend gilt, bis die dem Bevollmächtigten erteilte Ausfertigung zurückgegeben oder für kraftlos erklärt worden ist.

Von dieser Vollmachtsurkunde erhält jeder Ehepartner beliebig viele Ausfertigungen; unsere Kinder erhalten zunächst jeder nur eine Ausfertigung, und zwar zu unseren Händen.

Weitere Ausfertigungen dürfen ihnen nur dann erteilt werden, wenn einer von uns dieses anordnet oder wir beide nachweislich – z.B. gemäß ärztlichem Attest – zu einer solchen Anordnung nicht mehr in der Lage sind.

Über die Möglichkeit, die heutigen Verfügungen im zentralen Vorsorgeregister der Bundesnotarkammer erfassen zu lassen, sind wir belehrt. Hiervon wünschen wir keinen Gebrauch zu machen / Gebrauch zu machen und bitten den Notar, das Notwendige hierzu zu veranlassen.

Abschließend hat uns der Notar eingehend auf die weitreichende Bedeutung der Vollmacht und deren besonderen Vertrauenscharakter und die damit verbundenen Risiken hingewiesen.

Diese Niederschrift wurde vom Notar den Erschienenen vorgelesen, von ihnen genehmigt und wie folgt unterschrieben:

______________________________ (Datum, Unterschrift)

Muster einer ***Vorsorgevollmacht***

(ohne Erklärung)

Ich, der Unterzeichnende (Name, Vorname, Geburtsname, Anschrift, Telefon)

1. bevollmächtige hierdurch Herrn/Frau (Name, Vorname, Geburtsname, Anschrift, Telefon), nachstehend kurz der „Bevollmächtigte" genannt, mich in allen persönlichen und vermögensrechtlichen Angelegenheiten - auch in jeder Hinsicht in den Bereichen der Gesundheitsvorsorge und der Bestimmung des Aufenthaltes - soweit dies gesetzlich zulässig ist, gerichtlich und außergerichtlich zu vertreten, insbesondere auch für den Fall einer etwaigen zukünftigen Geschäftsunfähigkeit. Der Bevollmächtigte ist zum Handeln mit sich selbst oder als Vertreter eines Dritten ermächtigt,

- falls dies zu meinem Wohl erforderlich ist bzw. erscheint, über meinen Aufenthalt wie z.B. die Unterbringung in einem Krankenhaus, Altenheim, Pflegeheim oder einer ähnlichen Einrichtung zu bestimmen;
- sowie alle Entscheidungen zu treffen und Einwilligungen zu erteilen, die im Zusammenhang mit einer Untersuchung des Gesundheitszustandes, einer Heilbehandlung und/oder einem ärztlichen Eingriff oder der Unterlassung von Eingriffen oder Behandlungen oder einem Behandlungsabbruch stehen. Wenn die begründete Gefahr besteht, dass

ich aufgrund der Maßnahme sterben oder einen schweren oder längerdauernden gesundheitlichen Schaden erleiden könnte (§ 1904 BGB), ist der Bevollmächtigte zu diesen Entscheidungen und Einwilligungen berechtigt, bedarf aber nach § 1904 Abs. 2 BGB der vormundschafts- bzw. betreuungsgerichtlichen Genehmigung, sofern nicht Gefahr im Verzug ist.

Wenn aufgrund einer psychischen Krankheit oder geistigen oder seelischen Behinderung bei mir die Gefahr einer Selbsttötung oder erheblicher gesundheitlicher Selbstschädigung besteht, ist der Bevollmächtigte mit betreuungsgerichtlicher Genehmigung berechtigt zur Unterbringung, die mit Freiheitsentziehung verbunden ist, soweit und solange sie zu meinem Wohl erforderlich ist. Ferner auch, wenn ohne Unterbringung eine Untersuchung des Gesundheitszustandes, eine Heilbehandlung oder ein ärztlicher Eingriff nicht vorgenommen werden kann oder ich aufgrund einer psychischen Krankheit oder geistigen oder seelischen Behinderung die Notwendigkeit der Unterbringung nicht erkennen oder nicht nach dieser Einsicht handeln kann. Die Unterbringung ist zu beenden, sobald ihre Voraussetzungen weggefallen sind, dem Betreuungsgericht ist die Beendigung anzuzeigen. Vorstehendes gilt entsprechend bei einem Aufenthalt in einer Anstalt, einem Heim oder sonstigen Einrichtung, wenn über einen längeren Zeitraum oder regelmäßig durch mechanische Vorrichtungen (z.B. Bettgitter, Gurt) oder Medikamente oder auf andere Weise die Freiheit entzogen werden soll.

2. Falls der Bevollmächtigte nicht mehr willens oder fähig ist, den sich aus der Vollmacht ergebenden Aufgaben nachzukommen, benenne ich als Ersatzbevollmächtigten .... (Name, Vorname, Geburtsname, Anschrift, Telefon).

3. Jeder Bevollmächtigte erhält für die Zeit seines Tätigseins monatlich neben einer Aufwandsentschädigung eine Vergütung von 50,- Euro, die er aus meinem Vermögen entnehmen kann.

4. Ich behalte mir ausdrücklich vor, jederzeit diese Vollmacht widerrufen zu können. In diesem Fall ist das Vollmachtsexemplar unverzüglich zurückzugeben.

5. Im Außenverhältnis ist die Vollmacht sofort wirksam. Der Bevollmächtigte und der Ersatzbevollmächtigte sind jedoch verpflichtet, von der Vollmacht im Außenverhältnis erst Gebrauch zu machen, wenn ich aus Gesundheits- oder Altersgründen nicht mehr in der Lage bin, meine Angelegenheiten selbst wahrzunehmen, insbesondere einwilligungsunfähig werde.

6. Das Betreuungsgericht darf einen Vollmachtsüberwachungsbetreuer (§ 1896 Abs 3 BGB) nur bei konkreten Anhaltspunkten für einen Missbrauch der Vollmacht bestellen.

7. Diese Vollmacht habe ich aus freien Stücken, unbeeinflusst und im Vollbesitz meiner geistigen Kräfte verfasst, nachdem ich mich eingehend mit der rechtlichen Tragweite befasst habe.

Ort, Datum und Unterschrift

Muster einer ***Betreuungsverfügung***

(ohne Erklärung)

Ich, der Unterzeichnende (Name, Vorname, Geburtsname, Anschrift, Telefon) bestimme hiermit zur Vermeidung einer gerichtlichen Betreuung, insbesondere für den Fall, dass ich weder eine Generalvollmacht noch eine Vorsorgevollmacht erteilt habe, aber einwilligungsunfähig werde oder einen Betreuer infolge meines Alters oder Gesundheitszustandes benötige, Folgendes:

1. Zu meinem Betreuer soll bestellt werden Herr/Frau (Name, Vorname, Geburtsname, Anschrift, Telefon), ersatzweise Herr/Frau (Name, Vorname, Geburtsname, Anschrift, Telefon).

2. Aufgabe des Betreuers bzw. Ersatzbetreuers soll die Personensorge und die Vermögenssorge sein.

3. Ich möchte solange wie möglich in meiner jetzigen Wohnung bleiben und dort durch einen ambulanten Pflegedienst, möglichst einen christlichen, versorgt werden, wenn und solange dies organisatorisch und finanziell möglich ist.

4. Falls eine ambulante Pflege nicht mehr möglich ist, möchte ich im ... (Name der Pflegeeinrichtung) in Xstadt untergebracht werden. Der Betreuer ist

verpflichtet, mich unverzüglich nach Bestellung zum Betreuer dort vorsorglich anzumelden und die Unterlagen für die Heimunterbringung vorzubereiten.

5. Ich weiß, dass ich nicht immer einfach zu nehmen bin und Geduld brauche. Am ehesten höre ich auf meine jüngere Schwester, die der Betreuer in persönlichen Angelegenheiten zu Rate ziehen soll.

Ort, Datum, Unterschrift

Muster einer **geistlichen Patientenverfügung**

(Abgefasst von und für Dr. Hans-Günter Langenbach)

I. Rechtzeitige Überlegungen vor dem Tod

Ich will mich rechtzeitig auf meinen Tod vorbereiten und mich mit meinem Sterben befassen, auch wenn es zur Zeit keine Anzeichen dafür gibt, dass ich in Kürze sterben werde.

Von niemandem, auch nicht von mir selbst, möchte ich mir vorwerfen lassen können, ich hätte wesentliche Dinge des Menschseins übergangen und nicht bedacht. Ich will dies rechtzeitig tun, weil mir bewusst ist, dass an der Grenze zwischen Leben und Tod meist der Wille und die Kraft zu wesentlichen Veränderungen fehlen.

Zu den allerwichtigsten Themen des Lebens zähle ich die Fragen: Woher komme ich, und wohin gehe ich? Gibt es es eine Instanz (Gott), vor der ich nach dem Tod Rechenschaft geben muss? Bin ich meiner Bestimmung und dem Sinn meines Lebens gerecht geworden, und was geschieht mit meinem Versagen und meiner Schuld?

1. Geistliche Grundwerte

(Anmerkung: In diesem Anhang zur „Patientenverfügung" geht es zunächst um geistliche Grundwerte des biblisch-christlichen Glaubens. Das kann hier natürlich nicht ausführlich, sondern nur in kurzen Grundzügen dargestellt werden.)

1.1 Glaubensbasis allgemein

Wie alle anderen auch bin ich ein Mensch, der durch Sünde von Gott getrennt ist.

Einzig und allein dadurch, dass Jesus Christus am Kreuz die Schuld aller Menschen getragen und gesühnt hat - auch meine - und ich für mich dieses Opfer annehme, wird mir alle meine Sünde von Gott vergeben.

Die Konsequenz dieser Glaubenserfahrung ist, dass ich mein Leben nunmehr unter der Herrschaft des auferstandenen Jesus Christus führe und zunehmend mehr im Sinne Gottes verändert werde.

1.2 Glaubensbasis in Bezug auf Tod und Auferstehung

Dass alle Menschen sterben müssen *(Anmerkung: Ausgenommen werden die Christen sein, die bei der Wiederkunft Jesu unmittelbar mit ihm in die Herrlichkeit gehen),* ist eine auf Erfahrung beruhende Tatsache und bedarf keines Glaubens.

Aufgrund der gut bezeugten Auferstehung Jesu Christi von den Toten glaube ich, dass es generell eine Auferstehung aller Toten geben wird und folglich auch ich auferstehen werde.

Weil mit dem Tode nicht alles aus ist, ist es auch nicht gleichgültig, wie ich hier auf der Erde gelebt habe. Die Frage darf und muss gestellt werden: Was hat bleibend Bedeutung über das Sterben hinaus ins ewige Leben?

1.3 Was erwarte ich für die Zeit des Sterbens und die Zeit nach dem Tod?

Für die Zeit des Sterbens erwarte ich, falls ich nicht ganz plötzlich und unerwartet abgerufen werde, dass mein Herr bei mir ist, wie er auch in meinem ganzen Leben bei mir war: mit Zuspruch, Trost, Hilfe usw. so wie David es in Psalm 23, Vers 4 ausdrückt *„Auch wenn ich wanderte im Tal des Todesschattens, fürchte ich kein Unheil, denn du bist bei mir, dein Stecken und Stab, sie trösten mich."*

Für die Zeit nach dem Tod bis zur Auferstehung gibt uns die Bibel die Gewissheit, dass wir im Schutz und in der Gegenwart unseres Herrn Jesus Christus sind. Wie antwortet der Gekreuzigte dem Verbrecher am Kreuz neben ihm? *„Heute wirst du mit mir im Paradies sein"* (Lukas 23,43).

Später aber müssen sich alle Menschen vor Gott als dem Richter verantworten. Wer nicht Jesus als seinen Fürsprecher hat, wird von Gott nicht angenommen, egal wie ethisch hochstehend er in dieser Zeit gelebt hat.

2. Ich weiß, dass ich sterben muss, und bin bereit zu gehen

2.1 Ich will loslassen und abgeben

Man hört immer wieder von Sterbenden, die große Mühe haben loszulassen. Irgendetwas hält sie fest: Besitz, ungeklärte oder unerledigte Dinge, Streit mit anderen, Streit zwischen den Kindern usw. Deshalb will ich mich heute prüfen und immer wieder, ob ich ganz bereit bin zu gehen. Im Grunde ist es derselbe Vorgang wie im Glaubensleben: Ich unterstelle mich bewusst mit allem, was ich bin und habe, der Herrschaft Gottes. Ich bin nur Verwalter meines Vermögens und meiner Gaben für ihn und gehorche seinen Weisungen.

Für das Sterben bedeutet es: Ich habe schon zu Lebzeiten gelernt loszulassen. Wenn ich es während der Lebenszeit noch nicht gelernt habe, wird es beim Sterben viel schwerer.

2.2. Ich möchte mitnehmen

Die Dinge loszulassen und abzugeben, an denen ich ohnehin nicht mehr hänge, fällt mir nicht schwer. Bücher, die ich nicht mehr lese und schon mehr als drei Jahre nicht mehr in die Hand genommen habe, verschenke ich oder gebe sie zum Bücherbasar oder den Flohmarkt. Gleiches gilt für Kleidung, Geschirr, Handwerkszeug, Gartengeräte, für alles, was ich aller Voraussicht nach nie mehr anrühren werde. Wann fange ich mit derartigem Aufräumen an?

Natürlich ist für mich manches schmerzhaft und löst Wehmut aus, weil Erinnerungen wachgerufen werden. Erst recht, wenn ich mich von Dingen löse, um in betreutes Wohnen oder in ein 36-m^2-Zimmer im Altenheim umzuziehen, und weiß, dass es meine letzte Wohnung sein wird.

Sicher fällt mir alles sehr viel leichter, wenn ich mich rechtzeitig und bereitwillig auf solche neuen Situationen eingestellt und das Loslassen eingeübt habe.

Mich innerlich und u.U. äußerlich von Geld und Gut zu lösen und es abzugeben – das ist auch für mich ein schwerer, aber notwendiger Prozess. Sicher, ich habe es leichter als mancher andere, weil ich Kinder und Enkelkinder habe, denen ich voll vertrauen kann. Auch weiß ich von meinem Beruf her, wen ich ggf. als juristischen oder steuerlichen Berater hinzuziehen kann. Die entsprechenden Verfügungen von Todes wegen (Testament bzw. Erbvertrag), Generalvollmacht, Patientenverfügungen – all das ist vorbereitet. Aber reicht das wirklich?

Die Bibel warnt uns an vielen Stellen davor, unser

Vertrauen, unsere Zukunftssicherung auf Reichtum zu setzen. *„Geben macht glücklicher als Nehmen"* Apostelgeschichte 20,35); und wie sagt der Volksmund: *„Mit warmer Hand schenken ist besser als mit kalter Hand." „Das letzte Hemd hat keine Taschen"* – ich kann über das Sterben hinaus nichts mitnehmen. Richtig wäre die Aussage aber nur, wenn es keine Auferstehung gäbe. Wir Christen sind der Überzeugung, dass uns unsere Werke in die Ewigkeit nachfolgen und wir für jede Tat und jedes Wort Rechenschaft geben müssen. Außerdem rät uns unser Herr dringend, Schätze im Himmel zu sammeln, die weder zerstört noch gestohlen werden können. Also kann ich entscheidend Wichtiges und Wertvolles mit in den Himmel nehmen. Diese Dinge sind allerdings nicht irdisch, vergänglich, sondern geistlich wertvoll und ewigkeitsbeständig.

2.3 Ich nehme Abschied

Wie ich mich von Gegenständen, Vermögenswerten usw. lösen muss, so auch von Menschen.

Ich kenne einige, denen das Abschiednehmen besonders schwergefallen ist. Ihr ganzes Leben lang haben sie sich als Verheiratete für ihre Familie eingesetzt, sich aufgeopfert. Vor allem die Todesanzeigen bezeugen, dass für die meisten Menschen der Sinn ihres Lebens in der Familie besteht. Sich vom Ehepartner, den Kindern, Enkelkindern, Geschwistern, engen Freunden zu verabschieden, fällt unter Umständen so schwer, dass man es nicht schafft. Man schiebt es so lange auf, bis die anderen nur noch an das Sterbebett eilen können, man es selbst aber nicht mehr wahrnimmt. Wird es mir auch so ergehen? Ich möchte es nicht!

Vielleicht ist ein Abschiedsbrief, bei gutem Bewusstsein geschrieben, aber erst nach meinem Tod ausgehändigt, ein Kompromiss. Jedenfalls wäre mir wichtig, meinen Dank sehr deutlich und ausgiebig auszusprechen: meine Freude über den anderen, ihn zu ermutigen und mit guten Wünschen zu segnen, auch eine Mahnung, auszusprechen – das alles will gut überlegt und vorbereitet sein.

2.4 Ich kläre noch

Gibt es noch Bindungen in meinen Erinnerungen bzw. meinem Leben, die mich belasten? Ist mir Unrecht geschehen oder habe ich welches begangen, das noch nicht bereinigt ist? Ich wünsche so sehr, frei und unbelastet in die Ewigkeit zu gehen.

Wenn mir Unrecht angetan wurde, möchte ich mit Gottes Hilfe von Herzen vergeben. Habe ich das mehrfach getan und bin trotzdem die Last nicht losgeworden, nehme ich die Hilfe eines Seelsorgers in Anspruch. Vielleicht deckt er bei mir auf, dass ich einen Menschen insgeheim gerichtet und mich über ihn gestellt habe. Vielleicht bin ich so schuldig geworden und brauche Vergebung.

Dann will ich das vor Gott und dem Betroffenen, falls er noch lebt und es verstehen kann, bekennen vielleicht in Gegenwart eines geistlich geprägten Menschen.

Einen seelsorgerlichen Menschen will ich auch dann zuziehen, wenn ich ungewiss bin, ob Missverständnisse, Streit, Spannungen etc. ausgeräumt sind oder noch fortbestehen.

Von ihm will ich mir auch raten lassen, ob und wie ich die Situation klären kann.

3. Wem danke ich noch? Wofür danke ich?

Voraussichtlich werde ich später vergesslich sein. Wenn ich nicht in Kürze dazu komme, mich bei lieben Menschen zu bedanken, will ich mir jetzt Notizen machen mit Namen und Einzelheiten, bei wem und wofür ich danken will. Zum Beispiel für die Mitarbeit in Haus und Garten, Hilfe beim Einkaufen, bei Arztbesuchen, Besorgungen usw. An welchen Geschenken hat diese Person Freude? Wer kann mir diese Geschenke besorgen?

4. Wen segne ich noch? Wann? Wie?

Nicht nur von Gott, sondern auch von Menschen bin ich gesegnet worden und habe auch andere gesegnet. Hiermit nehme ich mir vor, rechtzeitig Kinder und Enkelkinder einzuladen mit der Ankündigung, einen kurzen Segen zu erteilen.

Die Form und der Wortlaut des Segensgebetes wollen gut überlegt und individuell auf den Einzelnen abgestimmt sein. Alles soll so würdig, schlicht und selbstverständlich wie möglich ablaufen. Hoffentlich wird es zu einem bleibenden Erlebnis mit guter Erinnerung für die Familie.

5. Darf ich mir noch etwas versprechen lassen?

Die allgemeine Patientenverfügung und diese geistliche Patientenverfügung sollen auch dazu dienen, dass ich nicht im letzten oder vorletzten Augenblick noch jemanden mit schwerwiegenden Dingen belasten muss. Ich möchte sie selbst noch regeln. Insbesondere will ich als Sterbender von keinem ein Versprechen abnötigen, das er nur schwer erfüllen kann oder das ihn lange belasten würde. So will ich sagen: „Ich habe lange mit mir gerungen, ob ich dir noch eine Bitte ans Herz legen darf. Bitte, gib mir nicht jetzt gleich eine Antwort bzw. Zusage, sondern schlaf mal drüber. Glaub mir, ich bin nicht enttäuscht, wenn du ablehnst – das könnte ich gut verstehen. Und wenn sich erst später herausstellt, dass die Erfüllung zu schwer ist, kannst du ohne Weiteres, und zwar auch nach meinem Tode, dein Versprechen zurückziehen oder eine andere Lösung suchen!"

Man kann es auch schriftlich machen, wobei der Brief dem Empfänger aber erst nach dem Tode ausgehändigt würde.

6. Soll ich noch alte Beziehungen wiederherstellen oder neue anknüpfen bzw. vermitteln?

Alte Beziehungen, die abgebrochen sind, werde ich nicht wieder aufgreifen. Es sei denn, ich sehe einen Auftrag Gottes darin oder ich will mich nur bedanken bzw. etwas bereinigen.

Neue Beziehungen will ich nur dann aufnehmen, wenn ich den Eindruck gewinne, Gott möchte es. Auch wenn ein anderer trotz meines Alters und Gesundheitszustandes mich darum bittet und ich die Kraft dazu habe.

**7. Ist für die Vermögensnachfolge alles geregelt (Testament/Erbvertrag/Schulden)? Besteht eine schriftliche bzw. notarielle Patientenverfügung? Sind die Vollmachten geregelt (Generalvollmacht, Vorsorgevollmacht – möglichst notariell)?
Ist die Wohnung gesichert, sind die Tiere versorgt? Besteht eine Adressenlisten für den Versand der Traueranzeige?**

Zum Regelungsbedarf mit geistlichem Hintergrund zähle ich auch die Angelegenheiten von Testament,

Patientenverfügung, Vollmacht/Betreuungsverfügung, Sicherung der Wohnung, Versorgung von Tieren, Adressenlisten für den Versand der Traueranzeigen usw., damit später andere nicht unnötige Arbeit und Mühen haben. Die Alten nannten das „Bestelle dein Haus". Diese Dinge nicht zu bedenken und zu regeln, bedeutet oft Flucht vor Entscheidungen bzw. Verantwortung, Übertragung von Lasten bzw. Erhöhung von Lasten für andere, speziell die nächste Generation, meist auch erheblich Erhöhung von Kosten und Steuern.

8. Kann ich noch jemandem Gutes tun?

Ich nehme mir ernsthaft vor, bis zuletzt anderen Güte zu erweisen. Gutes zu tun mit Worten, Gesten, Geschenken - nicht nur denen gegenüber, die mich pflegen. Das Telefon bietet die wunderbare Möglichkeit zur Kommunikation, auch miteinander zu beten und gemeinsam Fürbitte zu üben.

Wenn ich das Haus nicht mehr verlassen kann, will ich mir einmal in der Woche diesen Punkt 8 der geistlichen Patientenverfügung zur Hand nehmen oder mir vorlesen lassen.

II. Die letzten Tage

1. Wo möchte ich sterben?

Mein Wunsch ist es, in vertrauter Umgebung die Augen zu schließen.

Falls die letzte, vertraute Wohnumgebung die Pflege nicht mehr leisten kann, wäre mir ein christliches Altenheim sehr recht *(z.B. Friedenshort in Wuppertal, Lützeln, Bethanien, Weltersbach)* notfalls auch ein Hospiz. Sollte ich pflegebedürftig werden und nicht mehr selbst oder ohne Unterstützung zur Toilette gehen können, bitte ich um Unterbringung in einem der vorgenannten Heime (in dieser Reihenfolge). Ich liebe große Räume und einen Blick ins Grüne und in die Weite.

2. Wen wünsche ich mir als Begleitung?

2.1 Wer soll mich pflegen?

Wichtiger noch als die Umgebung ist mir die persönliche Beziehung, die Freundlichkeit der Pflegekräfte und ihre Dienstbereitschaft mit Fachkompetenz.

2.2 Wer soll mir seelischen Beistand geben?

Seelischen Beistand in ausreichendem Maße erbitte ich von meinen Angehörigen, der Gemeinde, ggf. vom Altenheim, in dem ich wohne; vor allem durch Telefonkontakte, Besuche, kurze Briefe etc. Ich freue mich, wenn man mir Anteil gibt an frohmachenden Erfahrungen in der Gemeinde, der Familie, im Berufsleben usw. – mögen sie auch unbedeutend scheinen. Aber auch Probleme und Schwierigkeiten, sofern sie mich nicht erkennbar überfordern, sind für mich wichtig für die Fürbitte. Man mag es ausprobieren und nicht so schnell aufgeben!

2.3. Wer soll mich besuchen, wer nicht?

Höchstwahrscheinlich werde ich – wie die meisten Alten, die nicht mehr aus ihrer Wohnung herauskommen – über Einsamkeit klagen. Also lasst immer Besuch kommen; es werden sowieso nicht zu viele werden! Gerne habe ich es, wenn jemand meinen Rat sucht. Nur Vielredner mag ich nicht. Wie kann ich vor ihnen geschützt werden? Auf meine Frau kann ich mich verlassen; sie wird, wenn ich sie bitte, einen

Weg finden, mir Leute fernzuhalten, die mich nur aufregen.

Hilfreich und anregend fand ich eine Kladde im Zimmer eines Altenheimes, wo jeder Besucher sich mit Namen und Besuchszeit eintragen und auch kurze Bemerkungen machen konnte.

2.4 Wer darf sich (kurz) verabschieden?

Wenn ich in den letzten Zügen liege, kann sich jeder von mir verabschieden, wer das tun will. Nur verhältnismäßig kurz soll der Besuch sein, freundlich-liebevoll, aber nicht emotional aufgeladen.

2.5 Wer soll von mir einen Abschiedsbrief bekommen?

Ich stelle mir vor, zu gegebener Zeit allen, denen ich mich persönlich besonders verbunden fühle, einen Abschiedsbrief zu schreiben, der aber erst nach meinem Tode zugestellt werden soll.

3. Beispiele von Bibeltexten und -themen, die man mir lesen soll

Ich liebe besonders das Johannesevangelium, den ersten Johannesbrief und ausgewählte Psalmen. Vertraut ist mir die Elberfelder Übersetzung, die ich seit meiner Kindheit kenne und lese. Wichtig sind mir auch die Abschnitte in den Paulusbriefen über Rechtfertigung, Heiligung und Hoffnung.

Die Textstellen werde ich ggf. noch in einer gesonderten Aufstellung nennen.

4. Beispiele von Liedern, die man mir oder mit mir singen soll

In einer weiteren Aufstellung nenne ich Lieder, von

denen ich wünsche, dass man sie für mich oder mit mir singt.

5. Musik

Klassische Musik, vor allem Bach, Mozart, Haydn, mag ich für verhältnismäßig kurze Zeit, aber nicht als Dauerberieselung. Der modernen Musik vermag ich nichts abzugewinnen. Musik in Form alter oder neuer, mir vertrauter Kirchenlieder kann ich mir gut als Zeitüberbrückung vorstellen, aber es muss – wie auch beim Fernsehen – der Knopf zum Aus- oder Umschalten stets leicht erreichbar sein.

6. Vorlesen

Mit Maßen soll man mich am Tagesgeschehen teilhaben lassen, im Altenheim auch an allen Andachten und Gottesdiensten. Nach Rückfrage soll man mir auch ausgewählte Dinge aus der heimischen Tageszeitung vorlesen. Einige geistliche Kurzgeschichten, z.B . von Pastor Wilhelm Busch, sind willkommen, ggf. auch neuere geistliche Literatur – bis Ermüdungserscheinungen erkennbar sind.

7. Schweigen

Schweigen der Besucher ertrage ich leichter, wenn das Schweigen abgesprochen ist.

8. Berührung, körperliche Nähe

Übertriebene Demonstration von Nähe, vor allem in Form von Küssen, ist mir von Jugend an unangenehm. Inzwischen habe ich mich an die italienische und französische Form der Wangenberührung gewöhnt. Aber bitte nicht mehr – ausgenommene meine Familie.

9. Informationen über meinen Zustand, meine Krankheit

Von mir aus können meine Angehörigen mit allen, die sie für vertrauenswürdig halten, über meinen Gesundheitszustand und meine seelische Verfassung reden. Vor allem sollen sie die Gemeinde informieren und andere Freunde detailliert um Fürbitte bitten.

III. Nach dem Tod

1. Arzt, Totenschein

Nach Eintritt des Todes sind die gesetzlich vorgeschriebenen Dinge zu beachten: Ein Arzt ist zu rufen, der den Tod und die Todesursache feststellt und einen Totenschein ausstellt. Aufgrund dieses Totenscheines stellt auf Antrag das Standesamt die benötigte Anzahl von Sterbeurkunden aus (lieber zwei mehr beantragen als erforderlich erscheint). Später genügt oft eine beglaubigte Abschrift von einer der Sterbeurkunden.

2. Beerdigungsinstitut (Es regelt Friedhof, Sarg- bzw. Feuerbestattung)

Ich mache von meinem Bestimmungsrecht über Art und Ort der Bestattung Gebrauch und treffe folgende Anordnungen:

a) Zu beauftragen ist das Beerdigungsinstitut, das für unsere Gemeinde die meisten letzten Beerdigungen durchgeführt hat.

b) Ich wünsche mir eine ganz normale Erdbestattung auf dem heimatlichen Friedhof, und zwar ein Rasengrab mit einfacher, aufgelegter Grabplatte.

c) Bitte keinen teuren Sarg und keinen teuren Blumenschmuck – es soll alles im normalen Rahmen bleiben, eher schlicht und bescheiden als aufwändig.

Die Kosten sind gedeckt durch eine besondere Gruppenversicherung meiner Standesorganisation.

3. Wer ist zu benachrichtigen bzw. was ist zu regeln?

Meine Kinder, Enkelkinder, Geschwister, Leitung des Altenheims, die Gemeindeleitung und nahe Freunde sind telefonisch oder per E-Mail zu benachrichtigen, bevor die Todesanzeigen verschickt werden.

Hierzu habe ich eine Liste erstellt bzw. ausgedruckt mit Namen, Telefon, Anschrift bzw. E-Mail-Adresse. Im Computer ist sie zu finden unter ...

4. Wer erhält eine Todesanzeige?

Hierzu habe ich eine weitere Liste erstellt und ausgedruckt. Nicht aufgenommen habe ich unsere Gemeindeglieder; diese erhalten alle eine Todesanzeige.

5. Die Todesanzeige

Die Todesanzeige enthält folgenden Bibelvers ...

In der Ansprache in der Friedhofskapelle sollte auf diesen Vers Bezug genommen werden, falls sich meine Angehörigen mit dem Trauerredner nicht auf einen anderen Text einigen.

Statt evtl. zugedachter Blumen und Kränze erbitte ich eine Spende an ... und/oder an ....

6. Beerdigungs-Nachfeier

Falls möglich, sollte eine Nachfeier in unserem Gemeindehaus im traditionellen Rahmen stattfinden mit viel Gelegenheit zu persönlichen Begegnungen. Ich bitte, von Lobeshymnen auf meine Person abzusehen! Ich werde aber einem Freund auftragen, meine

Bitte um Verzeihung für manches Versagen und Versäumnis auszudrücken.

7. Wer hält die Traueransprache?

Wer die Beerdigungsansprache halten soll, werde ich noch festlegen. Falls ich nicht dazu komme, sollen dies meine Frau und meine Kinder einvernehmlich bestimmen.

8. Lied bei der Trauerfeier

Bei der Trauerfeier wünsche ich mir unter anderen das Lied *„Ich freu mich in dem Herren aus meines Herzens Grund"*, da es mir selbst viel bedeutet hat.

9. Was noch bedacht werden sollte

Die Friedhofskapelle ist sehr klein. Bei gutem Wetter könnte an eine Übertragung per Lautsprecher nach draußen nachgedacht werden!

Diese geistliche Patientenverfügung ist als Anregung zu verstehen und kann durchaus ergänzt und umformuliert werden, damit sie den eigenen Verhältnissen und Wünschen angepasst wird. Für Anregungen und Ergänzungen bin ich sehr dankbar. Vielen Dank im Voraus. *Hans-Günter Langenbach*

Wirklich an alles gedacht?

Ein Gespräch über den Tod hinaus

Sie erinnern sich an das Gespräch, das ich bei unserem Klassentreffen mit Karl führte (s. Seite 7). Er hatte bei mir die Gedanken angestoßen, die mich zu dem Gespräch mit meinem befreundeten Notar angeregt hatte. Das Ergebnis haben Sie auf den vorangehenden Seiten lesen können. Wie hatte der Notar diese Überlegungen genannt: „Bestimmungen, Verfügungen und Anordnungen, die die Zeit *vor* unserem Tod betreffen."

Zusätzlich dazu gibt es natürlich noch die Bereiche, die die Zeit *nach* unserem Tod regeln sollen: Testament, Erbvertrag, Stiftungen etc. Man könnte diese beiden Gebiete die „vorletzten und letzten Dinge unseres Lebens" nennen.

Darüber hinaus gibt es jedoch einen noch weit wichtigeren Bereich, der weit über unseren Tod hinaus von Bedeutung ist. Es sind die Fragen, die wir Menschen in der Regel aus unserem Denken verbannen: „Was geschieht 5 Minuten nach unserem Tod?", „Wo werde ich die Ewigkeit zubringen?", „Gibt es wirklich so etwas wie die Hölle?"

Wir sind auf einer Lebensreise und empfinden, dass diese Reise nicht mit dem Tod enden wird. Christen wissen aus der Bibel, dass es ein Leben nach dem Tod gibt und dass der Tod nur ein Durchgangstor zu diesem Leben in eine andere Welt bedeutet.

Dieses Bewusstsein kann uns Hoffnung geben. Insbesondere dann, wenn es auf das Ende unseres Lebens zugeht.

Kinder gehen an diese Fragen viel unbefangener heran. Ich erinnere mich an die Zeit, als unsere Kinder im Vorschulalter waren und miterlebten, dass mein Neffe im Alter von fünf Jahren an einer heimtückischen Krankheit starb. Das war natürlich Gesprächsstoff bei unseren Kindern: Wo ist Benny jetzt? Was passiert, wenn ein Mensch stirbt? Wie ist es im Himmel? –

Dass das Leben nach dem Sterben weitergeht, ist für Kinder gar keine Frage. Sie wollen wissen, wo und wie? Wie kommt man in den Himmel und wie ist es da? Kommen alle Menschen in den Himmel oder gibt es auch ein anderes Land?

Elementare Fragen also, die eigentlich jeder Mensch hat, die wir Erwachsenen aber durch unsere „aufgeklärte" Erziehung verdrängt haben und als kindisch abtun.

Und doch holen uns diese Fragen unweigerlich ein, wenn wir auf dem Sterbebett liegen. Wie sagte es einmal ein Journalist: „In einem abstürzenden Flugzeug sitzt kein Atheist mehr!" Plötzlich fangen wir an zu beten und hoffen, dass Gott uns hört – um den wir uns Zeit unseres Lebens nicht gekümmert haben. Weshalb aber sollte er uns jetzt hören?

Gott sei Dank, dass er es trotzdem tut! Vielleicht will er Ihnen einen Gedankenanstoß durch dieses Buch geben.

Es ist vernünftig, sich mit den vorletzten Dingen des Lebens auseinanderzusetzen.

Es ist sehr vernünftig, sich mit den letzten Dingen des Lebens zu befassen.

Es ist überlebenswichtig, sich mit den Fragen zu beschäftigen, die über den Tod hinausgehen. Unsere Augen davor zu verschließen, ist unvernünftig. Ich möchte Ihnen dazu Mut machen.

„Es ist noch niemand zurückgekommen. Der Tod ist wie ein schwarzer Vorhang, und wir wissen nicht, was sich dahinter verbirgt", sagte mir in einem Gespräch einmal ein Pfarrer. Ich musste ihm widersprechen. Die Bibel bezeugt eindeutig, dass Jesus Christus, der Sohn Gottes, nach seinem Sterben auf Golgatha aus den Toten auferstanden ist. Nicht nur die Frauen am Grab, nicht nur seine Jünger, sondern von mehr als 500 Augenzeugen der Auferstehung berichtet die Bibel im ersten Korintherbrief Kapitel 15. Von diesen Zeitzeugen lebten die meisten zur Abfassung dieses Briefes im Jahr 56 n.Chr. noch. Wenn Sie nachrechnen, sind das gerade einmal 23 Jahre nach diesem gewaltigen Ereignis! Die vielfältigen Zeugenaussagen bezüglich der Auferstehung im Neuen Testament konnte von den damaligen Zeitgenossen unschwer nachgeprüft werden.

Das heißt aber: Dieser gestorbene und auferstandene Jesus Christus ist der verlässlichste Zeuge für ein Leben nach dem Tod. Nicht nur weil er Gottes Sohn, ja Gott selbst ist, sondern auch, weil er Tod und Auferstehung selbst durchlebt hat. Er sagte: *„Ich bin die Auferstehung und das Leben, wer an mich glaubt, wird leben, auch wenn er gestorben ist"* (Johannes 11,25). Er hat als Einziger den Tod besiegt!

Damit aber stellt sich die Frage: Warum müssen wir Menschen eigentlich alle sterben? Weshalb gibt es dieses so grausame Naturgesetz?

Auch hier gibt uns die Bibel logische Argumente: Sie bezeugt, dass wir Menschen ursprünglich von

Gott für das Leben geschaffen wurden – und nicht für den Tod! Gott hat für uns ein Leben in der Gemeinschaft mit ihm, dem Schöpfer, konzipiert. Doch unsere Vorfahren, Adam und Eva, haben sich durch den Sündenfall von Gott getrennt. Damit hinterließen sie uns das Erbe der Sünde in ihrem Testament. Vor der Folge der Sünde wurden sie vorher gewarnt, und auch uns wird es von Gott deutlich mitgeteilt: *„Der Lohn der Sünde ist der Tod"* (Römer 6,23). Das ist verständlich: Der heilige Gott kann keine Gemeinschaft mit der Sünde und dem Sünder haben. Unsere Sünden sind also die Ursache sowohl für den physischen als auch für den ewigen Tod. Diesen ewigen Tod nennt die Bibel Verdammnis. Sie ist ein unveränderliches Getrenntsein von Gott. Etwas Schrecklicheres kann man sich nicht vorstellen! Das ist die wahre Hölle!

Aber Gott liebt uns Menschen, auch wenn wir Sünder sind. Er hat einen Weg gefunden, wie wir vor der ewigen Verdammnis gerettet werden können:

„Denn so hat Gott die Welt geliebt, dass er seinen eingeborenen Sohn (Jesus Christus) gab, damit jeder, der an ihn glaubt, nicht verloren geht, sondern ewiges Leben hat. Denn Gott hat seinen Sohn nicht in die Welt gesandt, dass er die Welt richte, sondern dass die Welt durch ihn gerettet werde. Wer an ihn glaubt, wird nicht gerichtet; wer aber nicht glaubt, ist schon gerichtet, weil er nicht geglaubt hat an den Namen des eingeborenen Sohnes Gottes. Dies aber ist das Gericht, dass das Licht in die Welt gekommen ist, und die Menschen haben die Finsternis mehr geliebt als das Licht, denn ihre Werke waren böse. Denn jeder, der Arges tut, hasst das Licht und kommt nicht zu dem Licht, damit seine Werke nicht bloßgestellt

werden; wer aber die Wahrheit tut, kommt zu dem Licht, damit seine Werke offenbar werden, dass sie in Gott gewirkt sind" (Johannes 3,16-21).

Das ist die frohe Botschaft der Bibel: Es gibt einen Weg zu Gott zurück! Jesus Christus sagt: *„Ich bin der Weg, die Wahrheit und das Leben. Niemand kommt zum Vater, als nur durch mich!"* (Johannes 14,6).

Wie aber kann ich zu Gott zurückfinden, wie kann ich eine persönliche Beziehung zu ihm bekommen? Ich muss zunächst erkennen, dass auch ich vor Gott schuldig geworden bin in meinem Leben. Dabei brauche ich nicht meine Sünden kleinzureden und auf mildernde Umstände bei Gott zu hoffen. Ich darf ehrlich alle meine Fehler vor ihm im Gebet eingestehen:

„Wenn wir sagen, dass wir keine Sünde haben, betrügen wir uns selbst, und die Wahrheit ist nicht in uns. Wenn wir unsere Sünden bekennen, ist er treu und gerecht, dass er uns die Sünden vergibt und uns reinigt von jeder Ungerechtigkeit. Wenn wir sagen, dass wir nicht gesündigt haben, machen wir ihn zum Lügner, und sein Wort ist nicht in uns" (1. Johannes 1,8-10).

Nicht wahr, das ist gewaltig! Gott ist bereit, mir alle meine Sünden zu vergeben, wenn ich sie ihm ehrlich im Gebet bekenne. Es gibt keine Schuld, die er nicht vergeben könnte oder wollte!

Aber weshalb kann Gott Sünden vergeben? Drückt er etwa ein Auge zu? Lässt er „Fünf gerade sein"? Lässt er Gnade vor Recht ergehen?

Nein, Gott ist heilig und gerecht! Er muss Sünde strafen. Deshalb kam ja Jesus Christus, sein Sohn, auf diese Erde, um die Strafe Gottes an meiner Stelle durch seinen Tod zu sühnen. Das ist der Sinn von Golgatha. Unbegreiflich, nicht wahr?

„Und das soll ich glauben?“, werden Sie sagen. Ja, ich kann Ihnen nur Mut machen, weil Sie dann am eigenen Leib erfahren, was Gnade und Vergebung Gottes ist.

So wie Sie bei den vorletzten Dingen (Patientenverfügung etc.) und den letzten Dingen (Testament) selbst aktiv werden müssen, um zu entscheiden, was im Ernstfall geschehen soll, müssen Sie auch bei der Entscheidung für die ewigen Dinge selbst aktiv werden. Nichtstun hätte fatale Folgen.

Drei Beispiele aus dem Leben:

1. Der gepflegte Nadelstreifenanzug, der obligatorische Aktenkoffer und das iPhone am Ohr verraten ihn als gestressten Manager. Mit raschem Schritt kommt er unmittelbar vor mir zum Stehen. Fragend schaut er umher, um die Situation zu erfassen: Wir haben auf dem Stadtplatz, den er gerade überqueren will, Tische und Stühle vor dem Missionsbus aufgebaut. Einige unserer Mitarbeiter sind in angeregte Gespräche vertieft. „Was machen Sie hier? Wer sind Sie und was wollen Sie?“, will er knapp wissen. „Wir wollen mit Menschen wie Ihnen ins Gespräch kommen“, ist meine ebenso kurze Antwort. – „Worüber?“ – „Wie Sie mit Gott in eine echte Beziehung kommen können?“ – Er stutzt, schaut mich kurz an, und sein Blick verliert sich irgendwo in der Ferne. „Ach ja, das ist lange her“, seufzt er, „als Jugendlicher war ich im CVJM aktiv dabei. Ich kenn all die Geschichten von Jesus. Aber dann kam die Karriere, und ich hatte keine Zeit mehr für meinen Kinderglauben. Sagen Sie: Wie komm ich dahin zurück? Aber beeilen Sie sich, in zehn Minuten geht mein Zug zu meinem nächsten Termin ...“ –

2. „Wer seid ihr, weshalb kommt ihr hier ins Gefängnis, was wollt ihr?" Maja ist zum ersten Mal in der Kontaktgruppe, die wir regelmäßig in der Justizvollzugsanstalt durchführen. Sie hat das anfängliche Singen abwartend beobachtet und bei der anschließenden Andacht aufmerksam zugehört. Nun kommen wir miteinander ins Gespräch. Fragend schaut sie mich an. „Wir sind Christen und wir bringen euch die beste Botschaft, die es gibt!", ist meine Antwort. „Und die wäre?", fragt Maja zurück. „Nun", erkläre ich, „du weißt wie jeder, der hier einsitzt, dass der Richter euch nur bestrafen kann. Aber keine Strafe, und sei sie auch noch so hoch, kann die eigentliche Schuld wegnehmen. Schuld kann nicht abgesessen, sondern nur vergeben werden. Das Gewissen wird nur frei durch Vergebung, nicht durch Strafe!" – „Das ist mir klar", meint sie nachdenklich, „durch das Gefängnis ist meine Schuld nicht weg, der Richter kann mir nicht vergeben!" – „Richtig", antworte ich, „deshalb sind wir hier, um euch zu sagen, wie ihr eure Schuld wegbekommt!" – „Und wie soll das gehen?", will sie wissen. Ich schlage mit ihr die Bibel auf und zeige ihr 1. Johannes 1,9. Dann bitte ich sie, den Vers laut zu lesen:

> *„Wenn wir unsere Sünden bekennen, dann ist Gott treu und gerecht, dass er uns die Sünden vergibt und uns reinigt von jeder Ungerechtigkeit."*

Verwundert schaut sie mich an und fragt: „Alle Sünden?" Ich sage ihr: „Lies noch mal!" Sie schaut in die aufgeschlagene Bibel und liest den Vers noch einmal. Wieder sieht sie mich fragend an: „Auch die schlimmen Sünden?" – „Lies noch mal!" – Sie liest. Dann fragt sie zögernd und ihre Stimme wird leiser, damit keine der anderen Frauen mithören kann: „Auch ... von ... Mord?" – „Lies noch mal!", ermutige ich sie. –

Wieder liest sie langsam. Lange schaut sie mich an und fragt flüsternd: „Auch ... von ... vielen ... Morden ...?" – „Lies noch mal!", ist meine Antwort. – Ihre Augen werden groß: „Das ist ja Wahnsinn! Wenn das stimmt, dann müsste das doch jeder hier im Knast wissen!" – „Ja", sage ich froh, „deshalb kommen wir ja!"

3. Das Telefon klingelt: „Bitte komm sofort! Ich halte es nicht mehr aus! Ich muss mich noch heute bekehren, sonst geh ich verloren!" – „Aber das geht nicht, ich kann nicht jetzt zu dir kommen, ich hab das Haus voll Besuch", erwidere ich. Gunter ist völlig verzweifelt: „Du musst aber! Ich weiß nicht mehr weiter!" – Das hat man nun davon, wenn man tags zuvor bei einem Gespräch mit Gunter die Frage gestellt hat, ob er wisse, wo er hingehe, wenn er heute Nacht sterben würde. Ich entschuldige mich also bei meinen Gästen. Eine Menschenseele ist wichtiger als die schönste Feier. Er wohnt nur ein paar Straßen entfernt. Als er die Wohnungstür öffnet, schaue ich in angstvolle Augen. Und dann berichtet er mir, dass er bereits als Kind das Evangelium in der Kinderstunde und Jungschar gehört, dann aber ein Leben ohne Gott geführt hat. Nun steht er im vorgerückten Alter vor dem Scherbenhaufen seines Lebens. „Deine Frage hat mich wachgerüttelt. Ich weiß, wenn ich diese Nacht sterbe, bin ich für immer verloren!" – Als wir später von unseren Knien aufstehen, ist Freude im Himmel über einen Sünder, der Buße getan hat! –

Wir wünschen Ihnen Gottes Segen beim Überdenken und Umsetzen der Anregungen dieses Büchleins.

Dr. Hans-Günter Langenbach, Eberhard Platte

Buchempfehlung

Martin Steinbach
Depression im Alter
Vorbeugen, verstehen, begleiten
Tb., 80 Seiten

Best.-Nr. 273.880
EUR (D) 5,90 EUR (A) 6,10
SFR 8,90
ISBN: 978-3-89436-880-7

Die Depression ist bei über 65-Jährigen die häufigste psychische Erkrankung. Wie können wir Menschen in solchen Krisen beistehen und ihnen adäquat helfen? Wie können wir vorbeugen und uns selbst schützen? Das Buch zeigt Betroffenen und deren Angehörigen Wege aus dem dunklen Tal, gibt Seelsorgern wichtige Hinweise und allen Interessierten nützliche Tipps, wie man dieser Krankheit vorbeugen kann.

Christliche Verlagsgesellschaft mbH
Kompetent. Profiliert. Engagiert.